KB235285

</p>

님께

____

소중한 당신,
반짝반짝 빛나는 인생이 되시길 바랍니다.

인생은 산책이 아니라 행진이다.
행진을 위한
뚜렷한 목표를 설정하라.

생각이 바뀌는

1분 특강

1분 특강

레몬북스
lemon books

날마다 1분간 자기 성찰로 내일을 준비하자!

인생이란 되돌아올 수 없는 길을 떠나는 여정이다. 알다시피 인생은 단 한 번밖에 살지 못하는 삶이다. 그래서 일생이다.

인생은 리허설도, 준비 운동의 틈도 주지 않는다. 그렇기 때문에 다시 돌릴 수 없는 시간이 터준 길을 따라 우리는 그저 흐르는 강물처럼 힘차게 살아 나아가야 한다.

인생이라는 길 위에 우리가 발자취를 분명 남기고 있지만, 그 여정과 발자국이 훗날 최종적으로 어떻게 기록될지는 아무도 모른다.

우리는 오늘이 마지막 날인 것처럼 최선을 다해 인생을 살아야 한다. 그러면서 평생의 계획을 세워야 한다. 절박함에 몸부림만 치는 삶을 살지 않기 위해서 말이다. 우리의 삶은 날마다, 매순간 열정을 쏟아부으며 남은 인생을 더 나은 방향으로 진보시키는 최선의 일생이 되어야 한다.

동서고금을 막론하고 인류에게 빛나는 유산을 남긴 위대한 철학자, 사상가, 예술가가 있다. 우리에게는 수천 년의 역사 속에서 고난과 시련을 이겨낸 그 지혜로운 현인들의 탁월한 가르침이 있다. 시공을 초월한 그들의 가르침은 오늘날 우리에게 많은 교훈을 선사했다.

이 책에는 성공학의 대가 지그 지글러를 비롯하여 인류에게 소중한 교훈을 남긴 위인들의 지혜가 담겨 있다. 이를 바탕으로, 이 책은 안개처럼 불확실한 미래 앞에서 고민하는 오늘날의 젊은이들에게 한 번뿐인 일생을 어떻게, 무엇으로 살아야 하는지 그 갈 길을 밝혀줄 것이다.

이제, 자기 계발의 선구자와 위대한 학자들의 주옥같은 인생론을 거울삼아 날마다 1분간 나 자신을 반성하고 성찰하여 더 밝은 내일을 위해 무엇을 준비해야 하는지 그 해답을 찾아보자.

아무쪼록 이 책이 앞만 보고 달렸지만 무엇을 위해서 살아야 하는지 그리고 어떻게 살아야 하는지를 알지 못하는 이들에게 나아가야 할 방향을 제시하는 나침반이 되기를, 또한 어두침침한 미래를 환히 밝혀주는 작은 등불이 되기를 간절히 소망한다.

2013년 6월
김주영

날마다 1분간 자기 성찰로 내일을 준비하자! / 6

Part 1.

삶의 올바른 자세에 대하여 / 10

Part 2.

후회 없을 현명한 선택에 대하여 / 42

Part 3.

참된 용기에 대하여 / 70

Part 4.

확고한 목표에 대하여 / 90

Part 5.

성공의 방법에 대하여 / 120

Part 6.

성공을 향한 강한 욕망에 대하여 / 150

Part 7.

끈기와 인내심에 대하여 / 182

Part 8.

실천력에 대하여 / 208

Part 9.

창조력에 대하여 / 238

Part 10.

대인관계에 대하여 / 262

Part 1.
삶의 올바른 자세에 대하여

ONE MINUTE
SPECIAL LECTURE

for People who is Preparing for Wonderful Future

성공을 원하거든 마음의 문을 열어라

인생에서 일어난 일들을
어떻게 받아들이느냐 하는 것은
그 일어난 일 못지않게 우리의 행복과 관계가 있다.

_빌헬름 폰 훔볼트

대학의 운동 코치들은 졸업을 앞둔 고등학교 선수들 중에서 어떤 선수를 찾을까? 물론 재량이 뛰어난 선수들 아닐까? 그런데 대학교 운동경기에서 매년 정상을 달리고 있는 한 대학교 코치는 이렇게 말했다.

"우리는 우리의 지도를 기꺼이 받아들일 선수들을 찾습니다."

훌륭한 코치들은 단지 선수들의 뛰어난 재능이나 기술만으로는 우승을 거둘 수 없음을 잘 안다. 그들은 팀 내 모든 선수가 코치의 지시나 비판을 잘 받아들이고 서로 융화되어야 팀워크가 생기고 조화로운 팀을 만들 수 있음을 잘 알고 있다.

우수한 선수가 되고 싶다면 마음의 문을 활짝 열고 타인의 충고를 진심으로 받아들여야 한다. 마찬가지로 성공적인 인생을 원한다면 건설적인 비판이나 충고를 잘 받아들여야 한다. 전문가의 충고를 듣는 법도 배워야 한다. 또한 지도자나 상사, 선배들의 가르침을 존중하고 그것을 자신의 양식으로 삼을 수 있어야 한다.

열등의식을 버리자

"세상 사람들 중에 적어도 90퍼센트는 열등감을 느끼고 있다. 이렇게 많은 사람이 열등감을 느끼는 이유는 무엇일까? 그 이유는 여러 가지가 있겠으나 가장 큰 이유는 자기 자신을 성공한 사람들이나 잘사는 이웃과 비교하기 때문이다."

성형외과의 출신의 성공학자 맥스웰 몰츠 박사의 말이다.

누구나 살면서 자기 자신을 불신하거나 실제보다 과소평가하는 경우가 있다. 게다가 우리는 다른 사람들과 자기 자신을 비교하는 좋지 못한 습성이 있다. 그래서 잘사는 이웃이나 동창들과 자기 자신을 비교하고는 불필요한 열등감을 느낀다. 자신의 인생이 다른 사람들의 인생과는 전혀 다르다는 것을 의식하지 못하는 것이다.

당신은 어디까지나 당신 자신일 뿐이다. 다른 사람을 평가하는 그 어떤 척도로도 '당신 자신일 뿐인 당신'을 평가할 필요는 없다.

당신은 누구에 비해 열등하거나 우월한 존재가 아니다. 우리는 유일무이한 존재다. 따라서 스스로를 다른 사람과 비교함으로써 성공 여부를 판단하려고 애쓸 필요는 없다. 오히려 자신이 가지고 있는 능력과 그 성취도를 비교함으로써 성공 여부를 판단해야 한다.

낙관적인 자세를 갖자

자신의 환경을 재창조하는 사람은
결국 상황을 재역전시키고 자기 자신을 재창조해간다.

_윌 듀란트

〈세터데이이브닝포스트〉와 〈TV가이드〉에 연재되어 독자들로부터 많은 인기를 얻었던 만화가 있다. 그 만화를 그린 화가는 가장 불행한 상황에서도 실망하지 않고 낙관적인 자세를 가짐으로써 성공한 대표적인 사람이다.

그는 말 핸콕이다. 고등학교 재학 시절, 그는 장래가 유망한 육상선수였다. 그런데 어느 날 자동차 사고로 하반신이 마비되는 바람에 육상선수의 꿈을 접어야 했다. 그는 육상선수로서의 모든 꿈을 포기해야 함은 물론 장래의 안락한 삶조차도 기대할 수 없는 극한 상황에 처했다. 그러나 그는 실망하거나 인생을 포기하지 않았다.

그는 다리가 마비된 채 병상에 누워 있는 동안 병원에서 일어나는 일들을 그림으로 그리기 시작했다. 그는 환자에게 쓰디쓴 약을 권하는 간호사와 그 장면들을 유머러스한 만화로 그렸다. 그러자 호기심을 느낀 간호사들이 그림을 보기 위해 그의 병실을 방문하기 시작했다. 마침내 그의 만화가 사회에 알려지면서 잡지사에 돈을 받고 팔게 되었고, 핸콕은 만화가로서 성공하기에 이르렀다.

말 핸콕은 우리에게 중요한 교훈을 하나 주었다. 어떠한 극한 상황에서도 낙관적인 자세를 잃지 않는다면 반드시 성공할 수 있다는 것이바로 그것이다.

작은 일에도 최선을 다하라

다음은 〈리더스다이제스트〉에서 읽은 감동적인 구절이다.
'자신이 너무 중요한 사람이라서 하찮은 일을 할 수 없다고 생각한다면, 그 사람은 아마도 중요한 일을 하기에는 너무 하찮은 사람일 것이다.'

오늘날 많은 젊은이가 단번에 인생을 역전시킬 대박의 꿈을 꾸고 있다. 그리하여 로또가 최대의 관심사다.

그들은 보수도 많고 장래성도 보장되는 직장을 바란다. 문제는 언제까지고 그런 사고방식만 가지고 있다는 것이다. 자신이 꿈꾸는 이상적인 직장을 얻기 위해 노력하지는 않는다는 것이다. 현재의 회사가 희망하던 직장이 아니더라도 최선을 다해 일한다면 결국 꿈꾸던 직장을 향해 나아갈 수 있음을 망각한 채 안일하게 살아가는 것이다.

처음에 얻은 직장이 도덕적으로 위배되지 않고 정직하며 당신의 양심을 속일 것을 권하지 않는다면 그것을 기꺼이 받아들여야 한다. 그러면 그 직장이 뜻밖에도 자신이 갖고자 하는 모든 것의 발판이 될 수 있다. 바로 그곳으로부터 당신은 장래가 보장되는, 이상적인 직업으로 옮겨 가는 발걸음을 뗄 수 있을 것이다.

이제 전진하라! 출발해야 한다. 그리고 인내하며 열심히 일을 하라!

신념은 강한 무기다

_로버트 슐러

 세상에 존재하는 가장 큰 힘 가운데 하나는 목표에 대한 강력한 신념이다.

잔 다르크는 양을 치던 열두 살 소녀 시절에 이미 '잉글랜드군과 맞붙어 싸우는 조국 프랑스군을 지휘하겠다'는 신념을 갖고 있었다. 그녀의 신념은 매우 강렬했다. 그녀는 열일곱 살 때에 샤를 왕세자後의 샤를 7세 앞에 나아가 자신의 신념을 피력했다. 이에 깊은 감명을 받은 샤를 왕세자는 갑옷과 군대의 지휘권을 그녀에게 내주었다. 잔 다르크는 오랫동안 잉글랜드군에게 포위되어 있던 오를레앙 지역으로 병사를 몰고 달려갔다. 오랜 전쟁으로 지쳐 있던 프랑스 병사들이었지만 그들 또한 잉글랜드군의 횡포에 시달리던 백성들이었기에 천사의 계시를 듣고 왔다는 어린 소녀의 눈물겨운 노력에 감동하였다. 잔 다르크는 그들 마음속에 쌓여 있던 애국심에 불을 질렀고, 빨리 전쟁을 끝내고 나라와 가족을 구하겠다는 사명감에 힘입어 프랑스 군대는 전쟁에서 승리를 거두었다.

목표에 대한 강한 신념이야말로 세상에 존재하는 힘 가운데 가장 강력한 것이다. 어떤 핸디캡이 존재하더라도, 아무리 감당하기 어려운 장애가 나타나더라도 뜻이 있으면 반드시 길을 찾아낼 수 있다.

당신의 신념과 목표를 이루기 위한 갑옷은 '공부'일 수 있고, 당신의 칼은 인내나 불굴의 자세일 수 있다.

성공이란 평범한 보통 사람이 내린 비상한 결단에 의해 이루어지는 결과다. 그러나 성공은 쉽게 이룰 수 있는 것이 아니다. 가치 있고 훌륭한 성취는 누구나 쉽게 얻을 수 있는 것이 아니다. 목표에 대한 확고한 신념을 가진 자만이 그런 성취를 이룰 수 있다.

'할 수 있다'는 말의 위력

인생의 성공에 영향력을 미치는 말 중 하나가 '할 수 있다'는 말이다. 그런데 재미있는 것은 할 수 있다는 말 'Can'에 't'만 붙이면 그 의미가 성공에서 실패로 변한다는 점이다.

역사적으로 위대한 업적을 남긴 사람들은 '할 수 없다'는 통념에도 불구하고 '할 수 있다'고 믿고 그것을 입증하였다.

몇 가지 재미있는 예들을 소개하겠다. 이 예들은 신문 기사에서 직접 인용한 것이다.

- 시속 30마일약 48킬로미터의 속도로 여행하게 되면 누구나 분명히 질식하고 말 것이다1804년.
- 인간의 비행을 가능케 하는 실제적인 기계의 조립은 불가능하다1901년.
- 달에 가겠다는 어리석은 생각은 근본적으로 불가능하다1926년.
- 사물 속에 고정되어 있는 에너지를 동력화하는 일은 불가능하다1930년.

에디슨이나 라이트 형제 같은 사람들은 '할 수 없다'는 말에도 굴하지 않고 끝내 해내고 말았다.

당신도 '할 수 없다'라는 말을 습관처럼 사용하는가? '할 수 없다'와 '할 수 있다'의 차이는 글자 하나다. 그러나 그 차이는 당신의 인생을 뒤바꾸어놓기에 충분하다.

실망에 대한 반응에 따라
성공에 도달하는 시간이 결정된다

패배의 순간을 어떻게 생각하느냐에 따라서
승리하기까지의 시간이 결정된다.

_데이비드 슈워츠

실망스런 일을 만났을 때 어떻게 반응하는가?

미국의 코미디언 에드거 버겐은 11세 때 온라인 서점에 사진에 관한 책을 주문했었다. 그런데 배달된 책은 복화술腹話術에 관한 책이었다. 에드거 버겐은 책을 돌려보내려다가 무슨 내용을 담고 있는지 궁금하여 책장을 넘기다가 호기심을 갖게 되었다. 그것을 계기로 에드거 버겐은 세계적으로 유명한 복화술사가 되었다.

그는 실망스런 순간에 단순히 포기하거나 화를 내지 않았다. 오히려 그것이 자신에게 주는 교훈을 생각했다.

에드거 버겐은 단순한 아이디어를 취했다. 즉, 레몬에서 레몬즙을 얻어낸 것이다. 만일 당신이 멋진 것을 그저 찾고만 있다면 어떤 상황에서도 성공할 수 없다.

크고 작은 일에서 실망을 느껴 극복하려는 마음가짐을 갖기보단 우선 좌절하고 방황하는 젊은이들이 있다.

그들에게 감히 말한다. 이 자리에서 당신에게 닥친 그 실망의 의미를 생각하라. 분명히 전화위복의 계기가 될 것이다.

정신적인 불가능을 경계하라

_나폴레옹

종전의 기록보다 더 빨리 뛰고, 더 높이 뛰어넘고, 더 정확하게 묘기를 연출해내는 운동선수들은 많은 사람의 찬사와 존경을 받는다.

1954년까지 육상계에서는 인간이 1마일약 1.6킬로미터을 4분 안에 뛰는 것은 불가능으로 여겨졌다. 1923년 핀란드의 위대한 육상선수 파보 누르미가 4분 10초를 살짝 넘기는 기록을 세웠다. 1930년대와 1940년대, 1초 또 1초씩 기록이 당겨지면서 1945년에는 마침내 스웨덴의 군데르 하그가 4분 013초까지 끌어내리는 데에 성공했다.

이렇게 오랜 시간이 걸렸기에 전문가들조차 4분 벽을 깨는 것은 불가능하다고 믿었다. 그런데 아마추어 육상선수 로저 배니스터가 '마의 4분 벽'을 허물어버렸다. 그의 역사적 기록이 있은 지 한 달만에 무려 열 명의 선수가, 1년 후에는 37명이, 2년 만에 300명이 4분 벽을 돌파하였다.

이것은 달리기 능력이 개선된 것이라기보다는, 결코 넘을 수 없다고 여겨졌던 '마음의 장벽'을 로저 배니스터가 깨뜨렸기 때문이다. 결국 인간의 한계는 육체가 아니라 마음에 있었던 것이다.

한때 멀리뛰기에서도 전문가들은 인간이 28피트약 8.5미터 이상을 뛰어넘는다는 것은 신체상 불가능하다고 믿었다. 그러나 1968년 밥 비몬

선수는 29피트약 8.8미터를 뛰어넘어 우리 시대에 가장 믿기 어려운 업적을 스포츠계에 남겼다. 나디아 코마네치는 1976년 몬트리올 올림픽 체조경기에서 세계 최초로 10점 만점을 받았다. 그 후 여러 선수들이 10점 만점을 받고 있다.

어떤 한 사람이 한계를 극복하면 곧이어 다른 사람들이 뒤따라 정상에 오른다. 이것은 우리가 갖고 있는 유일한 한계란 우리가 스스로에게 부여한 정신적 한계임을 보여주는 결정적 증거다.

장애물은 신체적 불가능이 아니고 정신적 제한이라는 사실을 기억하자. 장애물이 정신적 제한임을 깨달을 때, 자신의 행동을 개선하고 기록을 깨뜨릴 기회들이 극적으로 늘어날 것이다.

엘리베이터를 기다리지 마라

_관자

 미국 동부 지방을 여행했을 때의 일이다. 워싱턴에 도착하여 워싱턴기념탑을 관람했다. 일행에게 안내원이 큰 소리로 말했다.

"여러분, 기념관 꼭대기로 올라가는 엘리베이터를 타려면 두 시간 정도는 기다려야 합니다. 하지만 계단을 이용한다면 정상에 올라가기 위하여 두 시간씩이나 지루하게 기다릴 필요는 없습니다."

그렇다. 이것은 워싱턴기념탑의 정상에 오르는 일에만 해당하는 진리가 아니다! 삶이라는 중요한 경기에서 정상에 오르는 과정에도 이 말은 중요한 의미를 지닌다.

성공으로 가는 엘리베이터는 영원히 고장나버렸다고 생각하라. 무료승차는 없다. 위로 올라가기 위해서는 계단으로 가야만 한다. 만약 당신이 기꺼이 한 번에 한 계단씩 꾸준히 올라가기만 한다면 분명히 정상에 오를 수 있다.

노력 없이 이루어지는 일은 없다. 설령 그런 일이 있다고 할지라도 그것은 쉽게 당신 손에서 빠져나갈 것이다. 일확천금의 꿈이나 단번에 쉽게 정상에 오르겠다는 생각을 버리고, 차근차근 한 계단 한 계단 올라가도록 노력하라.

할 수 있다고 생각하라

 미국의 유명한 저술가이며 연사인 데니스 웨이틀리 박사가 이런 말을 한 적이 있다.

"승리 팀의 필드골 키커는 킥 선상에 서서 '내가 이 필드골을 성공하면 우리는 슈퍼볼에 진출할 것이고, 또한 모든 선수가 3만 달러의 상금을 탈 것'이라고 생각한다. 반면 패배 팀의 키커는 킥 선상에 서서 '내가 만일 이 필드골에 실패하면 우리 팀 동료에게 3만 달러씩의 손해를 입히고 말 것'이라고 생각한다."

차이는 그뿐이다. 웨이틀리에 의하면, 승자들은 자신의 목표에만 관심을 집중시키는 반면 패자들은 패배 따위의 원하지 않는 것에만 관심을 집중시켜 각각 그것을 얻어낸다고 한다.

우리 생활에서 가장 파괴적인 힘은 우리의 상상력을 부정적으로 사용하는 것이다. 대부분의 사람은 자신들이 바라지 않는 것들을 상상한다. 그래서 시험장에 앉으면 시험을 잘 못 쳤을 때의 일부터 생각한다. 패배자들은 실패와 패배의 말만 생각하고, 승리자들은 성공과 승리의 말만 생각한다.

이런 옛말이 있다.

"할 수 있는 것만을 생각하건 할 수 없는 것만을 생각하건, 그 선택권은 자신에게 있다."

'그것은 가능하다'고 확신하라

신념은 확신 위에 선 행동의 과정이다.

쉽게 닿을 수 있는 목적을 달성하고자 한다면 신념 따위는 필요가 없다. 그러나 당신의 계획이 인간으로서 아예 불가능한 것이라면 신념이 필요하다.

성공 여부가 불명확할 때, 바로 그런 때 우리를 앞으로 나아가게 하는 것이 바로 신념이다.

확고한 자신이 서지 않을 때면, 누구라도 한 걸음 앞으로 나가기가 쉽지 않다. 그러나 문에 다가서면 그것이 활짝 열릴 것이라는 확신을 가지고 꾸준히 앞으로 나가 밀쳐라. 그럴 때만 문은 열리게 되어 있다.

실패를 두려워하지 말고 도전하라

_찰스 M.슈왑

 '할 수 있다'는 확신을 가지고 삶에 도전한다면 당신도 분명히 성공할 수 있다.

미국의 프로미식축구 팀 뉴올리언스 세인츠에 톰 뎀프세이라는 선수가 있다. 그는 63야드약 57.6미터의 필드골을 성공시켜 세상을 놀라게 하였다. 더욱 놀라운 것은 그가 발가락이 없는 불구임에도 그와 같은 성과를 냈다는 사실이다. 그는 태어날 때부터 오른발의 발가락이 없었다. 그는 자신의 놀라운 기록에 대해 겸손했다.

"이게 모두 부모님 덕분입니다. 부모님은 저의 결함을 조금도 개의치 않았습니다. 신체검사 때에도 저에게 할 수 없다는 말씀을 한 번도 하지 않았습니다. 그래서 저는 그 결함을 핑곗거리로 삼지 않았습니다. 결함이나 약점이 오히려 도전의 계기가 된다는 사실을 그분들에게 배웠습니다. 그리하여 저는 하고 싶은 것을 할 수 있었습니다."

사람은 누구나 한두 가지 정도의 결점이 있다. 그 결함에 집착하거나 구애된다면 아무것도 할 수 없다. 그런 결점 따위는 무시하고 도전할 때 성공은 당신의 것이 된다.

톰 뎀프세이의 반쪽짜리 발은 수백 개의 필드골을 차냈다. 당신도 자신의 결함이나 문제를 도전의 발판으로 삼아라.

자신에 대한 올바른 자세

헤매는 하루가 인생이다.
시간이 언제나 당신을 기다리고 있다고 생각하지 마라.
하루에 전력을 다하지 못하면 그날이 보람 없을 것이며
최후의 목표에도 도달하지 못할 것이다.
_요한 볼프강 폰 괴테

"너 자신을 알라"는 소크라테스의 말은 자기 계발에 크게 기여할 것이다. 자기 계발은 정확한 자기 이해에서부터 출발해야 하기 때문이다.

당신이 향상할 수 있느냐 없느냐는 오로지 당신 자신에게 달려 있다. 따라서 인생을 설계할 때 먼저 자신의 모습을 정확히 알고 이를 기초로 개선해 나아가야 한다.

먼저 스스로에게 다음의 몇 가지 질문을 해보자.

첫째, 나의 사명은 무엇인가?

둘째, 내가 하고 있는 일에는 어떤 의미가 있는가?

셋째, 나는 어떤 재능을 가지고 있는가?

넷째, 나에게 더 적당한 일은 무엇인가?

다섯째, 어떤 가치 있는 일을 하고 있는가?

위의 질문을 토대로 가능한 한 객관적으로 냉정하게 자신을 분석해보자. 단, 자기의 어떤 결점을 막연히 아는 것에 그쳐서는 안 된다. 더욱 철저한 자기반성과 성찰을 통해서만 자신을 좀 더 유능한 인간으로 끌어올릴 수 있다. 또한 철저한 자기분석을 통해 진보와 후퇴, 또는 정체하는 원인도 알 수 있다.

근심 걱정을 하지 마라

_잭 액섬

우리 중에는 걱정을 잊어버리려고 마약을 복용하는 어리석은 이들이 있다. 술의 힘을 빌어 잠시나마 걱정을 잊어버리려는 사람은 그보다 훨씬 더 많다.

걱정을 하지 마라! 걱정은 당신의 적이며 당신을 파괴할 뿐이다.

"걱정은 혈액순환과 신경계통에 나쁜 영향을 준다. 과로로 쓰러지는 사람은 별로 많지 않다. 그러나 불안이나 걱정을 하다가 죽는 사람은 그보다 훨씬 많다."

미국의 유명한 심리학자 찰스 메이오 박사의 말이다.

심리학자들에 의하면 걱정거리 중 40퍼센트는 일어날 수 없는 일에 관한 것이며, 30퍼센트는 이미 발생해버린 일들, 12퍼센트는 근거 없는 건강 문제, 그리고 10퍼센트는 걱정하지 않아도 될, 아무 의미도 없고 중요하지도 않은 신념에 대한 일이라고 한다.

이 통계에 의하면 오직 8퍼센트만이 걱정하지 않고 보내는 시간이다. 결론적으로 사람들은 아무런 이유도 없이 92퍼센트의 시간을 공연한 걱정으로 보내고 있는 것이다.

걱정하는 데 허비되는 에너지를 적극적이고 생산적인 일에 사용해보라! 걱정하기보다는 거기서 벗어나기 위한 조치를 취하는 데 전력을 다하라!

삶의 리듬에 변화를 주라

성공하기를 원하는가?
그렇다면 이미 개척해놓은 성공의 길이 아니라
그 누구도 가지 않은 새로운 길을 개척해야만 한다.

_로드 파머스톤

이미 입증된 성공 루트가 가장 안전하다고 생각하는가? 모든 사람이 그렇게 생각하고 그 길을 택한다. 그러나 사람들이 생각하지 못한 기발한 방법으로 성공하는 경우가 그보다 많다.

미국의 프로미식축구 팀 댈러스 카우보이스의 코치 톰 랜드리는 특히 중대한 게임에서 기습 공격을 잘하기로 유명하다. 그는 상대팀이 정상적인 전법에 대해서는 잘 대처할 것임을 알고 있기에 기발한 전술로 상대팀의 수비진을 흔들어놓곤 했다.

감자칩은 미국인의 애호 식품이다. 그런데 수년 전 프록터앤드갬블 P&G이 감자와 다른 재료를 혼합하여 말안장 모양의 타원형으로 반죽한 후에 식물성 기름에 튀긴 감자칩을 출시, '프링글스'라는 이름으로 새로운 시장을 개척했다.

성공에는 기상천외한 아이디어가 필요하다.

지금 '성공'이라는 목표를 향해 나아가고 있는가? 당신의 현재 위치와 방법에 대해서 깊이 생각해보라. 그 방법으로 성공이 가능하다고 생각되면 그 길로 계속 밀고 나가라. 그러나 그 방법으로는 무리라고 판단된다면 과감히 방법을 바꾸어야 한다.

삶에 변화를 주자!

확신을 가지고 계속 전진을

"자신이 옳다고 확신하라. 그리고 계속 전진하라!"

어떤 일을 할 때 부모나 이웃으로부터 반대 혹은 비난을 받기도 한다. 그리하여 중도에 포기하거나 방향을 바꾸는 일이 수없이 많다. 그러나 성공한 사람들 대부분은 이런 반대를 뚫고 자신의 뜻을 관철시켰다.

부모나 이웃의 이해와 격려가 밑거름이 되어 성공한 사람들도 많다. 그러나 부모의 몰이해나 심한 반발에 부딪혀 몇 번씩이나 포기하다가도 계속 밀고 나가 마침내 인류 발전에 공헌한 사람들이 훨씬 더 많다.

무슨 일을 하든지, 그 일이 아무리 옳은 것일지라도 반드시 반대자가 있다는 사실을 명심하라! 당신 스스로 배 안에 물을 넣지 않는 한 이 세상에 있는 어떤 물로도 결코 당신의 배를 침몰시킬 수 없다는 사실을 기억하라!

바다 위에 배를 띄워라! 당신이 옳다는 것을 확신하라! 그리고 그 확신을 가지고 계속 전진하라!

그러면 당신은 목적지에 다다를 수 있다.

희망과 신념을 버리지 마라

 "당신은 지금 백혈병에 걸렸습니다. 미안한 말씀이지만 당신의 삶은 이제 얼마 남지 않았습니다. 정리할 때가 된 것 같습니다."

그 말을 듣는 순간 하늘이 노래졌다. 헤리는 모든 것을 포기하고 이제 죽음을 맞이할 준비를 했다. 결혼도 포기했고, 직장을 구하겠다는 생각도 접었다. 저녁마다 폭음을 일삼았으며, 주위의 사람들을 물리치고 혼자서 외롭게 죽기만 기다렸다. 이미 그의 의식은 죽은 것과 다름없었다.

그렇게 생활한 지도 어느 덧 5년이 지났다. 이제 주머니에 돈도 한 푼 남지 않았고, 폐인이 되다시피 했다.

그러던 어느 날 곧 죽을 것이라는 의사의 진단과 달리 5년을 살아온 것이 이상하여 병원을 찾았다. 다시 진찰을 한 결과 지난 번 의사의 진단은 오진임이 밝혀졌다. 그러나 그때는 이미 정신적으로나 경제적으로 회복이 불가능한 상태였다. 그럼에도 불구하고 그는 희망을 갖게 되었다. 그리하여 피눈물 나는 노력으로 마침내 재기에 성공하여 결혼도 하고 직장도 얻게 되었다.

헤리는 백혈병이라는 소리에 자신은 이미 죽었다고 생각하고 스스로 파멸의 길로 들어선 것이다. 그러나 자신이 백혈병에 걸리지 않았다는

사실을 알게 된 순간 새로운 희망을 갖게 되었고, 생명력 넘치는 새로
운 삶을 시작하게 된 것이다.
변한 것이라곤 헤리의 마음뿐이었다. 생명이 끝나는 순간까지 희망의
끈을 놓아서는 안 된다.

삶 속에서 자그마한 승리라도 누리자

_찰스 에반스 휴즈

퓰리처상이나 노벨상은 인류의 극소수만 받을 수 있다. 20세 이상 모든 국민은 대통령이 될 기회를 균등하게 가지고 있으나 막상 대통령 자리에 올라앉는 사람은 그 시대에 몇 명 지나지 않는다. 대부분의 국민은 그런 명예로운 자리에 앉지 못한다.

그러나 우리는 삶의 작은 기쁨을 누릴 자격이 있다. 그 누구나 실패했을 때 등을 두들겨줄 수 있다. 기쁨이나 애정이 담긴 말 한마디에 가슴 설렐 수 있고, 사랑하는 사람과 손을 잡고 하얀 눈길을 걸으며 삶의 기쁨을 만끽할 자유를 가지고 있다. 자유로운 여행을 즐길 수 있고, 자신에게 맞는 종교를 선택하고 그를 통해 기쁨을 누릴 수 있다.

이 모든 것은 누구나 누릴 수 있는 작은 기쁨들이다. 우리가 누릴 수 있는 작은 기쁨과 즐거움은 수없이 많다.

만약 훌륭한 업적을 남겨서 위대한 상을 탄다면 감사하고 기뻐하자. 그러나 그런 것들을 타지 못했다고 슬퍼하거나 괴로워하지는 말자. 오히려 우리 삶 속에서 찾을 수 있는 기쁨이나 손쉽게 얻을 수 있는 작은 승리들을 마음껏 누리자. 비록 커다란 기쁨은 없을지라도 작은 기쁨과 즐거움이 채워지거든 감사하자.

극한 상황에서도 희망은 있다

선과 악이 실제로 그렇게 존재하는 것은 아니다.
다만 생각이 그렇게 만들었을 뿐이다.

_윌리엄 셰익스피어

일시적인 실수나 사회적인 책임으로 좋지 않은 곳에서 고생하는 사람들이 있다. 그런 극한 상황에서도 희망을 잃지 않고 노력하여 성공한 사람들이 있다.

래리 웰스는 강도죄로 캘리포니아 주 법원으로부터 15년 형을 받고 청소년 교도소에 수감되었다. 그는 그곳에 복역하는 동안 자신의 잘못을 뉘우치고 참으로 반성의 시간을 가졌다. 그러던 어느 날 부모님이 넣어준 한 권의 책을 통해서 많은 것을 깨달았다.

그 책의 주제는 '인간은 누구나 자기가 생각하는 대로 된다'였다.

그 책을 탐독하고 난 그는 그때부터 부정적인 사고를 버리고 긍정적인 생각을 하기로 결심하고 실천했다. 그는 마침내 모범수로 12년을 복역하고 가석방되었다.

현재 래리는 젊은이를 상대로 적극적인 자아상을 설립하는 프로그램을 개발하여 선전하는 연구소 소장이다.

어떠한 극한 상황에서도 희망을 잃지 마라. 부정적인 생각을 버리고 적극적인 사고로 행동하자.

독특한 재능을 개발하자

_프리드리히 폰 보덴슈테르

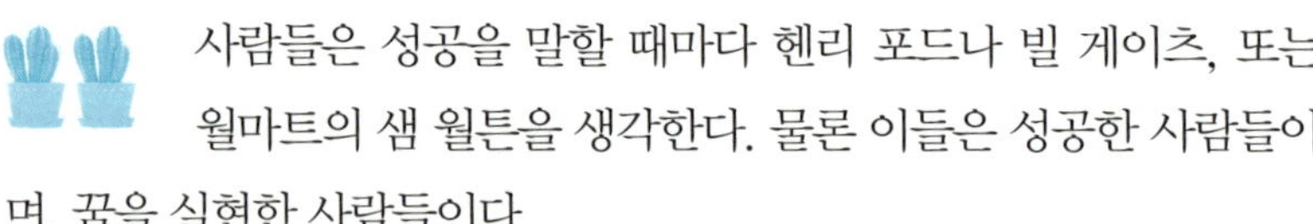 사람들은 성공을 말할 때마다 헨리 포드나 빌 게이츠, 또는 월마트의 샘 월튼을 생각한다. 물론 이들은 성공한 사람들이며, 꿈을 실현한 사람들이다.

그런데 이들과는 다른 방식으로 꿈을 실현하며 살아가는 사람들이 있다.

허리를 굽혀 손으로 뚜껑을 들어올리는 수고 없이 발로 페달을 밟기만 하면 뚜껑이 열리도록 만든 쓰레기통이 있다. 이 단순한 아이디어는 수많은 가정주부를 요통에서 구해주었다. 열두 아이의 엄마이며 인간 공학의 개척자이자 경영관리의 퍼스트레이디라고 불리는 릴리언 몰러 길브레스가 이 발명품을 고안해냈다.

놀라운 에너지와 지성, 열정을 지닌 여성이었던 릴리언은 이밖에도 사람들의 수고를 덜어주는 다양한 발명품을 만들어냈다. 냉장고의 계란 넣는 칸, 세탁기의 배수 호스, 롤러스케이트 등도 모두 릴리언의 아이디어에서 나온 작품이었다.

여성들의 사회 활동이 제약을 받았던 시절, 릴리언은 공부를 게을리하지 않았고 열린 마음으로 사물을 바라보았으며 자신의 아이디어를 실용화하였다.

이것이 바로 독창성이다.

당신에게도 분명 남다른 재능이 있다. 문제는 그 재능을 개발하느냐 못하느냐이다. 그것은 오로지 당신 자신에게 달려 있다.

자세를 재점검하라

_J.M.코란

 우리는 가끔 식당 종업원들의 무관심한 태도와 불친절한 행동에 불쾌감을 느끼기도 한다.

그런데 그런 종업원들은 얼마 지나면 그 식당에서 볼 수 없게 된다. 그렇게 불친절한 행동은 곧 주인의 귀에 들어가므로 그들은 당장 직장을 잃는 것이다.

그 종업원이 그렇게 불친절했던 이유와 동기가 있을 것이다. 그러나 어떤 이유로도 그런 태도는 인정받을 수 없다.

태도와 자세는 무슨 일을 하든 매우 중요하다. 올바른 자세를 가져야 한다.

지금까지의 자신의 행동과 자세에 대해서 재점검해보라. 공부할 때나 일을 할 때 올바른 태도를 가지고 있었는가?

이제 새로운 마음으로 새 출발을 할 때가 되었다.

당신에게도 위대한 능력이 있다

인간은 누구나 성공할 수 있는 자질과 위대한 일을 할 수 있는 능력을 가진 가치 있는 존재이며, 위대한 능력의 소유자이다. 그럼에도 불구하고 이류 인생이라는 소리를 듣게 되면 자신도 모르게 그것을 수긍하고 그렇게 살아가게 된다.

이와 반대로 '당신은 일류급 인간'이라는 소리를 계속 듣게 된다면 그런 인간이 된다.

범죄를 저질러서 현재 교도소에 수감되어 있는 재소자들을 상대로 조사한 바에 의하면, 그들 중 90퍼센트가 어려서 부모로부터 "너 같은 놈은 싹수가 노랗다"라는 부정적인 말을 듣고 자란 것으로 나타났다.

오늘날 10대의 자살자 수는 점차 늘어나고 있는 추세이며, 10년 전보다 약 세 배나 늘었다. 그들 대부분은 아무런 유익이 되지 않는 말의 홍수 속에 살면서 자기 비하에 빠져 결국 자살이라는 막다른 골목에까지 이른 것이다.

중요한 것은 당신이 하는 말이나 평소의 생각이 아니라 바로 '자신'이다. 당신에게도 위대한 능력이 있다. 그 능력을 사용하라.

성공과 연령과의 함수관계

세상은 젊은이들의 무대다. 기업이나 사회가 점차 젊어지고 있어서 나이가 어느 정도 되면 물러나지 않으면 안 된다. 그런 상황 속에서 젊은 나이에 성공한 사람들이 이외로 많다.

9세에 모차르트는 교향곡을 세 곡 썼다.
13세에 나폴레옹은 파리육군사관학교에 입학, 임관 뒤 지방연대에 포병소위로 부임하였다.
17세에 마르코가 중국 여행을 떠났고, 잔다르크는 오를레앙에서 프랑스군의 승리를 이끌었다.
21세에 알렉산드로스 대왕은 페르시아 원정길에 올랐다.

이 밖에도 젊어서 위대한 업적을 남긴 사람들은 수없이 많다.
그러나 나이가 많다고 실망할 필요는 없다. 늦은 나이에도 활발한 활동을 펼치고 위대한 업적을 남긴 이들도 매우 많다.

71세에 미켈란젤로는 산피에트로대성당 공사의 전권을 맡았다.
78세에 갈릴레이 갈릴레오는 달의 월 변화와 일 변화를 발견하였다.
78세에 처칠이 또 다시 수상이 되었다.

80세에 소크라테스는 음악 공부를 시작했다.
81세에 프랭클린은 헌법회의에 펜실베이니아 대표로 참석하였다.
85세에 독일의 아데나워는 네 번째 총리로 당선되었다.

이 밖에도 80세 이후에 활발한 활동을 한 사람들은 얼마든지 있다. 시인 볼테르, 과학자 뉴턴, 정치가 토머스 제퍼슨 등이 그들이다.
나이와 관계없이 지금 바로 이 시간이 정상에 오를 기회다. 지금 이곳이 바로 정상에 오를 도약대다. 성공은 나이에 상관없이 언제든 가능하다.

당신이 하고자 하는 일을 사랑하라

10년 동안 말을 한 마디도 하지 않은 사람이 있다면 믿겠는가? 게다가 그런 사람이 지금은 코미디언이 되어 유머로 대중을 웃기고 있다면 어떠한가? 그 주인공이 바로 로저다. 그는 밧줄로 도저히 믿을 수 없는 묘기를 보여주어 많은 사람을 웃겨왔다. 그는 오로지 묘기와 행동으로 사람을 웃겼다.

그런 그가 10년이 지난 어느 날 사람들 앞에서 입을 열었다.

"여러분에게 오늘은 특별히 할 말이 있습니다."

그가 입을 열자 청중은 놀라서 그의 입을 주시했다. 오랜 세월 무대에서 한 마디도 하지 않았던 그가 할 말이 있다니, 무슨 대단한 이야기일까 싶어 사람들은 조용히 그의 다음 말을 기다렸다.

"만일 여러분이 진정으로 성공하기를 원한다면 자신이 하고 있는 일이 무엇인지 알아야 합니다. 그리고 그 일을 믿고 사랑해야 합니다."

무슨 대단한 진리나 오묘한 세상의 이치를 말할 줄 알았던 청중은 처음에는 실망했으나 점차 그의 말을 이해하기 시작했다. 그리고 그것이 어떤 말보다 가장 보편적인 진리이며 철칙임을 인정하였다.

당신은 지금 자신이 하고 있는 일이 어떤 일인지 잘 알고 있는가? 하고 있는 일을 신뢰하고 있는가? 그 일을 사랑하고 있는가? 만일 그렇다면 분명히 그 분야에서 정상에 오를 것이다.

지금 '성공'이라는 목표를 향해 나아가고 있는가?
당신의 현재 위치와 방법에 대해서 깊이 생각해보라.
그 방법으로 성공이 가능하다고 생각되면 그 길로 계속 밀고 나가라.
그러나 그 방법으로는 무리라고 판단된다면 과감히 방법을 바꾸어야 한다.

Part 2.
후회 없을 현명한 선택에 대하여

ONE MINUTE
SPECIAL LECTURE

for People who is Preparing for Wonderful Future

높은 이상을 선택하라

승리에 대한 설명은
첫 번째 음절에 모든 것이 다 들어 있다.

_새뮤얼 존슨

 사람들은 대부분 일생 동안 좀 더 높은 곳을 바라보며 살아 간다.

한 교수가 학생들을 상대로 문제의 난이도를 세 단계로 하여, 제일 난해한 문제는 50점, 그다음 난해한 문제는 40점, 제일 쉬운 문제는 30점을 주었다. 그리고 답안지를 걷은 다음 문제의 답과 관계없이 제일 어려운 문제를 택한 학생에게는 A학점, 그다음 어려운 문제를 택한 학생에게는 B학점, 나머지 제일 쉬운 문제를 택한 학생에게는 C학점을 주었다.

A학점을 받지 못한 학생들이 항의하면서 그 이유를 묻자 교수는 이렇게 대답했다.

"나는 여러분의 목표를 본 것이다."

시인 랭스턴 휴즈는 이렇게 말했다.

"빨리 꿈을 잡아라! 꿈이 죽어버리고 나면 인생은 마치 날개가 꺾여 더 이상 날 수 없는 새와 같은 꼴이 된다."

시인 브라우닝도 말했다.

"인간의 목표는 인간의 힘이 미치는 한계를 초월한 것이어야 한다."

달에 가겠다는 꿈과 한 줌 흙이 되겠다는 꿈은 비교조차 할 수 없다.

꿈은 크게, 목표는 높게!

낙관주의를 선택하라

_볼테르

 원스턴 처칠이 즐겨하는 말이 있다.

"나는 낙관주의자입니다. 낙관주의보다 더 큰 유익을 수는 것은 없습니다."

낙관주의 철학과 미래지향적인 사고방식은 비관주의와 부정적인 사고방식보다 훨씬 유익한 것임에는 분명하다. 이것은 지나온 역사가 증명하고 있다. 그런데 이 낙관적인 전망이 어떤 선택의 결과라는 것을 많은 사람이 깨닫지 못한다.

우리는 인생에서 어떤 태도를 취한다. 처칠은 낙관주의를 선택했다. 낙관주의를 선택한 많은 사람에게는 분명한 이유가 있다. 모든 생명은 긍정적이고 세상은 소망이 넘치는 곳이라는 확신이 바로 그 이유이다. 물론 비관주의를 선택한 사람도 있다. 물론 그런 사람들에게는 그럴 만한 이유가 분명히 있다.

이처럼 선택은 결코 맹목적인 것이 아니다. 나름대로 이유와 목적이 있다. 인생의 많은 승리자처럼 당신 역시 인생에서 성공을 기대할 만한 충분한 이유가 있을 것이다.

성공하기를 원한다면 낙관주의를 선택해야 한다.

비관주의는 인생을 절망과 나태와 자포자기로 인도한다.

낙관주의자만이 성공할 수 있다.

할 일을 스스로 조절하라

캘리포니아 주지사는 두 번째 임기를 맞아 열심히 일을 하였다. 그는 아침 식사는 물론 점심 식사도 잊은 채 돌아다니다가 오후 늦게 주 청사 식당에 식사를 하러 갔다. 마침 그날은 치킨이 주 메뉴였다.

그는 치킨을 배분하는 여자에게 말했다.

"치킨 하나만 더 주시오."

그러자 치킨을 배분하는 여자가 말했다.

"한 사람당 한 조각씩 배당되어 있으니 더 이상 줄 수 없습니다."

당시는 경제가 상당히 어려운 때라 식사에 여분이 없었다.

주지사는 다시 말했다.

"나는 주지사 크리스찬 힌터인데 하나 더 주시오."

그녀는 물끄러미 주지사를 바라보더니 "이 치킨을 배당하는 담당자는 바로 나예요. 저리 비키세요"라고 대꾸하였다.

당신은 오늘 무슨 일을 담당했는가? 오늘 해야 할 일은 무엇인가?

그 일이 무엇이든지 철저히 하라. 가능한 한 훌륭하게, 그리고 정확하게 하라.

자신이 맡은 일에 최선을 다해야 하고, 자신의 미래를 스스로 만들어야 한다는 사실을 명심하자.

폭발 직전에 일단 멈추어라

_지그 지글러

한 인간의 감정이 폭발되는 지점과 그 인간의 가치가 결정되는 지점은 밀접한 관계가 있다.

레스토랑에서 식사를 마친 어느 부부가 한순간의 폭발로 그들은 물론 주위 사람들의 기분까지 망쳐놓은 일이 있었다.

그들 부부는 종업원에게 커피를 시켰다. 그때 마침 다른 손님이 비행기 출발 시간이 촉박하다면서 계산을 요구하였다. 계산을 하는 동안에 커피를 내리는 일을 깜박 잊은 종업원은 다른 일을 했다. 3, 4분이 지나도 커피가 나오지 않자, 커피를 주문한 부부는 화가 머리끝까지 올라 결국 폭발하고 말았다.

이처럼 한순간의 폭발로 인해서 자신은 물론 주위 사람들의 기분까지 망치는 일이 왕왕 있다. 문제는 이와 비슷한 상황 때문에 인간관계는 물론 자신의 미래에도 영향을 주게 된다는 사실이다.

우리의 도량이나 인격은 우리를 자극하는 어떤 일에 어떻게 반응하느냐에 따라 나타난다.

자신의 폭발 지점은 어디인지 확인하고 감정을 스스로 통제하여 자신의 가치를 올리도록 노력해야 한다. 오늘 어떤 상황에서도 그 상황에 대한 반응을 나타내기 전에 잠시 생각하는 여유를 갖자.

자신의 기분을 스스로 조절하라

_랠프 왈도 에머슨

'의기소침'이라는 말이 있다. 자신의 인생에서 희망도 없고, 의미 있는 것이라고는 하나도 없다는 생각에 스스로 나약해지는 감정을 말한다. 이런 감정은 일시적으로 오는 경우가 많지만, 주로 미래를 긍정적으로 보지 못하는 사람들이 흔히 느끼는 감정이다. 앞길을 예측할 수 없으면 누구나 의기소침하게 마련이다. 그러나 자신의 기분은 스스로 조절할 수 있다.

의기소침의 원인은 거의가 분노이며, 모든 분노는 대개 어떤 개인을 향하고 있다. 당신이 어떤 사람에게 분노를 느끼거나 나쁜 감정을 가지고 있다면 즉시 찾아가서 용서한다고 말해보아라. 그러면 분노의 감정이 사라질 것이다.

생활에 질서와 리듬이 있으면 의기소침의 감정이 일어나지 않는다. 의기소침은 이완된 생활에서 일어난다. 따라서 해야 할 일들의 목록을 작성하고, 그 일정표에 따라 실천하고, 실천했으면 그다음에는 누구를 도우려고 노력해보라. 그러면 의기소침의 감정 따위는 생기지 않을 것이다.

"만약 신경쇠약 증세가 있다면 문제가 있는 사람들을 찾아가서 그들의 문제를 해결하는 일을 해보라. 그러면 신경쇠약 증세가 없어질 것이다."

칼 메닝거 박사의 말이다.
다른 사람들이 원하는 것을 얻도록 도와주면 당신 역시 원하는 것을
얻게 될 것이다.

신념에 따라 행동하자

_푸앵카레

크리스 쉰켈은 1952년부터 스포츠 중계를 해왔다. 이제 그는 노련한 중계인이다. 그런데 그는 원래 스포츠맨이 아니었다. 따라서 처음에는 실수도 많았고, 청취자로부터 비판도 많이 받았다. 그럴 때마다 그는 이렇게 말한다.

"내가 하는 일이 곧 나 자신입니다. 나는 나의 신념대로 행동하고, 중계합니다. 나는 나 자신에게 비판적이 되어 고치려고 해보았지만 변할 수 없었습니다."

그는 젊었을 때부터 라디오 야구 중계방송을 들으면서 방송인의 꿈을 키워나갔다.

그는 퍼듀대학교에 입학하자마자 여름 방학 동안 아르바이트로 인디애나 주에 있는 어느 방송국에서 주 18달러짜리 아르바이트를 했다. 상업 방송 원고를 쓰고 고객들로부터 수금을 하고 열두 시간 교대의 방송 일도 했다.

그렇게 하여 마침내 그는 유명한 스포츠 해설가의 자리에 이르렀다. 이제 비판이 아닌 칭찬을 받으면서 해설하는 중계인이 된 것이다. 무슨 일을 하든 원칙을 가지고 일을 한 덕분이다.

당신이 하는 일의 주체는 당신 자신이다. 오늘부터 자신의 신념에 따라 행동하는 사람이 되라.

모든 문제는 기회다

_지그 지글러

당신은 오늘 최소한 한 가지 문제는 해결했을 것이다. 사실 문제는 좀 더 나은 생활을 하기 위한 기회다. 그리고 이 기회들을 취급하고 해결하는 일이 곧 생활의 일부분이 된다.

우리는 아침에 눈을 뜨는 순간부터 저녁에 잠자리에 드는 순간까지여러 가지 상황에서 문제들을 만난다. 이때 성공하기 위해서는 이런 문제들을 신속하게 해결하는 법을 배워야 한다.

훌륭한 사업가는 자료나 정보들을 수집하고 잘 정리하였다가 어떤 문제들을 해결할 때 그것을 활용한다.

문제를 해결하는 일은 지위가 높거나 인격이 성숙해지면 일상생활에서 매우 중요한 부분이 된다.

실제로 문제의 크기와 성격에 따라 우리의 가치는 비례한다. 따라서 기회가 생기면 감사하게 생각하고 그 기회를 올바로 정의 내리는 시간적 여유를 갖도록 해야 한다. 재빠른 분석의 기술도 요구된다.

당신이 하는 일에 문제가 없다면 그 자체가 문제일 수도 있음을 알아야 한다.

모든 문제는 성공의 가능성을 테스트하는 기회임을 명심하자.

오늘의 문제를 푸는 일에 최선을 다하자.

행복은 당신 옆에 있다

_제임스 오펜하임

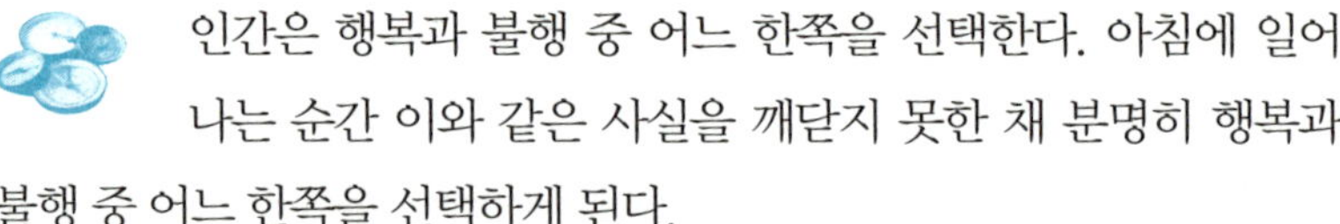

인간은 행복과 불행 중 어느 한쪽을 선택한다. 아침에 일어나는 순간 이와 같은 사실을 깨닫지 못한 채 분명히 행복과 불행 중 어느 한쪽을 선택하게 된다.

사회학자 윌 듀란트는 지식에서 행복을 찾으려고 했으나 그것이 환상임을 깨달았다고 말하였다. 그래서 다시 여행에서 행복을 찾으려고 했으나 피로만 얻었다고 말했다.

그러던 어느 날 열차 플랫폼에서 잠자는 아기를 안고 누구를 기다리는 한 부인을 보았다. 잠시 후 한 신사가 차에서 내려 그 부인에게 달려가 아기에게 부드럽게 입을 맞추고는 함께 그 자리를 떠났다. 그 광경을 목도한 윌 듀란트는 모든 상황에는 기쁨이 존재한다는 것을 깨달았다.

행복과 성공을 찾을 때 당신의 손이 미칠 수 있는 범위를 생각해야 한다. 행복을 얻기 위해서는 누군가에게 행복을 주어야 한다.

흔히 행복을 멀리서 찾으려고 한다. 멀리 있으면서 그럴싸한 무엇을 가질 때 행복하다고 생각한다. 그러나 행복은 우리 주위에, 우리의 일상생활 속에 있다.

오늘 남에게 행복을 주고 그에 따르는 보상을 즐겨보자.

말하기 전에 생각하는 습관을 갖자

_루이스 맨스

 세상에는 이야기할 수 있는 수단만을 가진 사람과 꼭 말해야 할 이야깃거리만 가지고 있는 사람들이 있다. 당신은 이 둘 중 어느 쪽인가?

사상가 헨리 데이비드 소로가 월든 호숫가에서 지낼 때의 일이다. 어느 날 여러 명의 노동자들이 일을 하고 있는 모습을 보고 소로가 그들에게 무슨 일을 하고 있느냐고 물었다.

"마이네 사람들과 텍사스 사람들이 서로 연락할 수 있도록 하기 위해서 전선을 가설 중입니다."

당시는 전보가 가장 빠른 수단이었다. 그럼에도 불구하고 전선을 가설 중이라는 소리를 듣고도 소로는 별다른 감동이 없었다.

"만약에 말입니다, 마이네 사람들이 텍사스 사람들에게 전할 특별한 말이 없으면 어쩌지요?"

그가 오늘날 살아 있었다면 전보보다 몇십 배 빠른 커뮤니케이션의 수단을 보았을 터인데, 그래도 그는 감동받지 못했을지도 모른다. 그에게는 메시지를 전달하는 수단보다는 그 내용이 더 중요했을지 모른다. 커뮤니케이션이란 내용과 표현이 일치되어야 한다. 따라서 어떤 말을 하기 전에 항상 내용을 준비해야 한다.

할 수 있는 것에 집중한다

성공은 능력보다 열정에 의해서 좌우된다.
승리자는 자신의 일에 몸과 영혼을 다 바친 사람들이다.

_찰스 북스톤

사람들은 자신의 처지와 상황을 생각하고 불가능한 것을 떠올리며 실망한다. 특히 자신의 나이를 이유로 삼는 사람이 많다. 그러나 꿈을 갖고, 배우고, 인생의 변화를 꾀하는 일에 너무 늦은 때란 없다.

칼 카슨 씨는 64세 때 직업을 바꾸기로 했다. 트럭 임대사업을 하던 그가 갑자기 자동차 판매 영업소를 차리기로 결심한 것이다. 그의 목표는 하루 고객 열 명에게 자동차를 판매하는 것이었다. 1년 만에 목표를 달성하자 그는 다시 직업을 바꾸었다. 이번에는 기부금을 받아 월간 신문을 발행하는 것이었다. 그는 결국 목표를 이루었고, 지금은 각종 모임에 초청을 받아 강연을 하면서 미국 전역을 누비고 있다.

칼 카슨 씨는 현재 75세다. 꿈을 갖고 배우며 변화를 도모하기에 너무 늦은 때란 그에게 존재하지 않는다.

사람들은 늘 핑계를 댄다. "너무 늙었어", "너무 어려서", "나는 여자니까" 등등…….

인생을 얼마든지 보람 있는 삶으로 바꿀 수 있다.

우리는 달력이 넘어가는 것을 정지시킬 수 없다. 그러나 부정적인 사고방식을 정지시키고 자신만의 독특한 능력을 개발할 수는 있다.

전화위복의 기회로 만들어라

대포도 계속 발사하고 있는 사람에게는 소총에 불과하다.

_크리스토퍼 머레이

 한 젊은 아나운서는 진급의 문턱에서 뜻밖의 해고를 당하였다. 노조에 가입하여 활동한 것이 이유였다. 그는 집에 돌아가서 아내에게 말했다.

"여보, 나 이제 자유로운 몸이 되었으니 더 큰 일을 할 수 있을 거요."

해고를 당하거나 시련에 부닥치면 보통 좌절하거나 실의의 나날을 보내게 된다.

그러나 그 젊은 아나운서는 적극적인 자세로 자신의 환경에서 과감히 탈출하였다. 그는 후일 〈다 함께 웃읍시다〉라는 프로그램을 만들어냈다. 그리하여 방송인으로서 당시 최고의 영광을 누리게 되었다.

그는 뜻하지 않은 실직이라는 불행에 대해서 비관하거나 자포자기하지 않았다. 오히려 그것을 도약의 발판으로 삼았다.

그의 원리는 우리의 삶에도 적용할 수 있다.

실패와 좌절은 우리를 재건할 수도 있고, 파괴할 수도 있다.

낙관적인 자세를 가진 사람에게는, 실패란 정상으로 향하는 데 필요한 발판과 계기에 지나지 않는다.

실패를 두려워하는가?

 성공으로 가는 길은 실패자들로 가득 차 있다. 성공에 이르는 길은 패자들로 발 디딜 틈도 없이 꽉 차 있다.

성공한 사람들은 무슨 일이든지 시도해보는 것을 두려워하지 않는다. 성공한 사람들은 어떤 일에나 실패의 가능성이 있다는 사실을 알고 있다. 그들은 실패를 싫어하지만 실패를 두려워하지는 않는다.

야구 역사상 가장 위대한 홈런 타자도 한때는 삼진 아웃을 가장 많이 당했다. 베이브 루스는 미키 맨틀 선수가 그의 삼진 아웃 기록을 빼앗아갈 때까지 삼진 아웃 최고기록 보유자였다. 그러나 베이브 루스는 삼진이 두려워서 배트 휘두르기를 멈추지는 않았다.

성공으로 가는 길을 가득 매운 실패자들은 일시적인 실패자일 뿐 영원한 패자는 결코 아니다.

그들은 분명 혁신가요, 도전자요, 실험가이다. 그들은 반드시 일어난다. 그들은 쓰러질 때마다 다시 일어선다. 그들은 머지않아 다시 일어설 것이며, 끝내는 성공하리라는 것을 분명히 알고 있다. 그래서 기회가 있으면 배트를 움켜쥔다.

당신도 배트를 힘차게 휘둘러라. 실패를 두려워하지 말고!

덕德을 키워라

덕이 있는 사람은 현명하다.
현명한 사람은 선하다.
선한 사람은 행복하다.

_지그 지글러

연예계의 슈퍼스타 프레디 프린스 주니어의 자살은 그의 팬은 물론 많은 사람에게 큰 충격을 주었다. 그 당시 할리우드 연예계에 정통한 한 관계자가 신문기자들로부터 다음과 같은 질문을 받았다.

"연예계 대스타 중에서 자살할 가능성이 높은 사람이 있는지, 있다면 누구라고 생각하는지요?"

그는 한참 생각하다가 이렇게 말했다.

"자살할 위험성이 없는 스타는 아무도 없습니다. 왜냐하면 대스타 중에서 진정으로 행복한 사람은 한 명도 없으니까요."

이 같은 사실은 우리를 슬프게 하며 인생을 다시 생각하게 한다.

그들은 돈, 명성, 인기, 열광하는 팬, 그리고 그들의 신변을 보호해주는 보디가드를 거느리고 있다. 그럼에도 자살이라는 극단적인 선택을 하여 비참하게 인생의 종말을 맞이한다. 그 이유는 무엇일까?

이유는 간단하다. 그 소유물이 결코 사람을 행복하게 하지 않기 때문이다.

우리는 무엇보다도 인격의 중요한 부분을 차지하고 있는 덕을 키우는 데 소홀해서는 안 된다. 그렇지 않으면 모든 재산이나 명예는 사상누각일 뿐이다.

후퇴하는 것도 때로는 필요하다

세계 헤비급 챔피언 알리는 잭 뎀프시와의 대전을 대비해서 잽권투에서, 스트레이트로 안면이나 몸통을 가볍게 연타하는 일을 날린 다음 백스텝권투에서, 상대의 공격을 피해 뒤로 물러서는 스텝을 하는 연습을 많이 했다. 뎀프시의 강펀치를 효과적으로 피하기 위해서였다.

알리는 뎀프시의 펀치가 치명적이며, 그 주먹을 맞고 계속 공격하다가는 KO당할 수 있음을 알고 있었다. 그래서 경기를 앞두고 수 마일씩 뒤로 달리는 운동을 했다.

마침내 시합의 날이 왔다. 알리는 연습한 대로 뎀프시의 강한 펀치를 백스텝으로 교묘히 피해 다니며, 기회가 있을 때마다 잽으로 안면공격을 퍼부었다. 초반에 알리는 강한 펀치를 맞고 휘청거렸으나 지연작전으로 마지막 라운드까지 끌고 가서 마침내 지친 뎀프시를 다운시켜 승리하였다.

인생에서 가끔 난관에 봉착할 때가 있다. 그때 좌절하지 말고 일단 후퇴했다가 다시 공격하라. 무리하게 돌진하는 것이 능사가 아니다. 일보 후퇴하여 기회를 보아 이 보 전진할 때 승리를 거둘 수 있다.

환경을 스스로 창조하는 사람

자기 자신을 성찰하라. 그때 그대의 하는 일이
전혀 소용없는 일이 되지 않을 것이다.

_스위프트

오늘날 많은 젊은이가 공부를 하거나 일할 의욕이 생길 만한 환경을 조성해달라고 요구한다. 사실 갖추어진 환경에서 자란 젊은이들은 참으로 행복하다. 그런데 성공한 사람들은 스스로 그런 환경을 만들었다.

환경은 물론 중요하다. 그러나 어떤 환경에 있든 우리의 마음가짐이 더 중요하다. 다른 사람들이 볼 때는 형편 없는 환경에 살고 있을지라도 그 환경을 탓하지 않고 자신의 일에 흥미를 갖고 심혈을 기울여 노력하면 능력을 키울 수 있다. 그때의 환경은 그의 성취에 별다른 작용을 하지 못한다. 그러나 반대로 끊임없이 자극을 받는 좋은 환경에 살고 있을지라도 자신이 하는 일에 흥미를 가지지 못한다면 그 환경은 아무런 도움이 되지 않는다.

즉, 환경은 가만히 앉아서 기다린다고 만들어지지는 않는다. 적극적으로 자신의 운명을 개척한다는 자세로 환경을 만들어가야 한다.

만약 지금 자유롭게 환경을 선택할 권리가 주어진다면 발전의 조건들을 고려해야 한다. 즉, 아무리 좋은 환경이라도 당신의 재능을 살릴 수 있을 만한 환경이 아니라면 전혀 소용없으며 유익하지 않다는 것을 염두에 두라.

가능한 한 긍정적인 기사를 많이 읽어라

조국애를 키우고자 한다면
가끔은 외국에 나가서 살 필요가 있다.

_지그 지글러

5년 동안 무려 25켤레의 신발을 소비하면서 미국 전역을 도보로 여행한 사람이 있다. 그의 이름은 피터 젠킨스. 그는 여행을 통해 많은 사람을 만나면서 자국민을 이해하게 되었고, 조국애를 느끼게 되었다고 한다.

그런데 그런 여행은 누구나 할 수 있는 여행이 아니다. 보통 사람들에게 그런 여행은 불가능하다. 그러나 신문이나 잡지를 통해서 조국에 대한 많은 기사, 특히 긍정적인 기사를 많이 읽고 조국에 대해서 낙관적인 생각을 하게 된다면 그런 여행을 하지 않아도 뜨거운 조국애를 갖게 될 것이다.

당신이 조국에 대해서 많이 알수록, 조국이 당신에게 얼마나 많은 기회를 제공하는지에 대해 감사함을 느끼게 될 것이다. 그리고 조국의 아름다움을 깨달을수록 조국에 대한 열정과 애정을 느끼게 될 것이다. 우리가 매스컴을 통해 접하는 조국의 소식 중에는 부정적인 것도 많이 있다. 그러나 꿈과 희망을 줄 기사가 더 많다. 부정적인 기사를 읽을 때는 부정적인 생각과 절망을 느끼지만 긍정적인 기사를 읽을 때에는 낙관적인 희망을 갖게 된다. 되도록 많은 기사를 접하되, 낙관적인 생각을 가지고 희망적인 조국을 꿈꾸자.

뜻이 있으면 길이 있다

신념이란 실패의 시기에 만들어진다. 예를 들어서 높이뛰기 선수들이 가로막대를 뛰어넘지 못할 때에 비로소 자신이 얼마나 높이 뛸 수 있는가를 알게 되는 것과 같다. 즉, 실패를 해야만 성공도 할 수 있는 것이다.

실패란 목표에 도달하지 못했다는 뜻이 아니다. 계획서 안에 하고 있는 모든 것을 포함시키지 못했다는 의미일 뿐이다.

이와 반대로 성공은 어떤 상황에서든 자신의 잠재력을 최대한 끌어냈다는 것을 의미한다.

"최선을 다했다"고 당신이 말할 수 있을 때 당신은 성공한 것이다. 정말로 실패한 사람은 자신의 능력을 지나치게 과소평가하여 실패의 위험을 무릅쓰지 않는다.

신념이란 아무런 두려움 없이 실패에 정면으로 맞서는 것이다.

성공은 우리가 지금 이 순간에 하고 있는 것보다 더 이상 잘할 수 없는 지점에 도달해 있는 것이다.

갈채는 우리가 주어야 할 것을 모두 주었을 때 비로소 오는 것이다. 관중은 승자와 패자가 모두 최선을 다했을 때 그들 모두를 사랑한다.

자신이 맡은 일에 최선을 다하라

자신이 맡은 일에 최선을 다하라.
그렇게 할 때 최선의 이익이 돌아온다.

_지그 지글러

지그 지글러가 식료품 가게에 근무할 때의 일이다.

그날따라 손님이 없고 무척 한가하였다. 지그 지글러는 무료하게 밖을 내다보고 있었다. 그러자 주인이 그를 불러 진열대 한 곳을 가리키며 깨끗이 청소하라고 하였다.

"거기에는 고작 토마토 주스 두 통밖에 없는데요."

그가 볼멘소리를 하자 주인은 정색을 하고 말하였다.

"토마토 주스 두 통밖에 없다니? 한 박스를 팔아도 그것은 원가에 지나지 않고 저것 두 통을 마저 팔아야 네 월급이 나온다. 그런데 고작 두 통이라고?"

지그 지글러는 아무 말도 못 하고 주인을 바라보았다.

"알았으면 가서 청소나 해라."

지그 지글러는 그때 비로소 무엇을 하든 최선을 다해야 한다는 사실을 깨달았다.

주인을 위해서, 사장을 위해서 최선을 다할 때 우리에게도 이익이 돌아온다. 주인을 위한 것이 곧 나를 위한 일이다.

요행을 바라지 마라

 우리 주변에는 요행을 바라는 사람이 많다. 노력은 하지 않으면서 하늘에서 복이 떨어지기를 바라는 사람들이다. 이들은 '요행의 포로'들로, 불행하기 짝이 없는 사람들이다.

부자 친척이 죽어서 자신에게 막대한 재산을 물려주기를 바라는 사람들, 복권에 당첨되어서 엄청난 돈이 통장에 들어오기를 바라는 사람들, 그리고 길을 가다가 돈다발이 든 상자를 줍는 행운을 바라는 사람들이 모두 이런 부류에 속한다. 배가 고기 잡으러 출항도 하지 않았는데 만선이 되어서 돌아오기를 기대하며 부둣가로 나가는 사람들이다. 이런 사람들은 다른 사람의 도움을 받으려면 먼저 자신이 노력해야 한다는 사실을 모른다.

옷소매에 가려진 당신의 손과 팔을 사용해보라. 당신의 생애에서 이제까지 알지 못했던 여러 가지 문제들에 대한 해답들을 발견하게 될 것이다.

오늘 자신의 행동에 대해 책임감을 갖고 최선을 다한 후에 도움의 손길을 찾아야 한다.

여분의 시간에 미래가 달려 있다

_뤽 드 클라피에르 보브나르그

 비즈니스맨에 관한 통계학의 대가 파브손에게 어느 날 한 젊은이가 찾아와 "비즈니스맨의 성공과 실패에 관한 통계 같은 게 있느냐"고 물었다.

"있고말고요."

"그럼 말씀 좀 해주십시오."

파브손은 그 젊은이에게 다음과 같이 상세하게 말했다.

"사람들은 회사에 근무할 때에는 일하는 시간이 중요하고, 학교 다닐 때는 공부하는 시간이 중요하다고 합니다. 물론 회사원에게는 근무 시간이 중요하고 학생에게는 공부 시간이 중요합니다. 이 시간을 중요하게 여기고 열심히 하는 것에는 성공자와 실패자의 차이가 없습니다. 그러나 회사원이나 학생들이 집에 돌아가서 어떻게 보내느냐가 중요합니다. 즉, 집에 돌아가서 TV를 보거나 뒹굴면서 한가하게 시간을 보내는 사람과 자기 계발에 힘쓰는 사람과는 커다란 차이가 생기죠. 성공자들은 오후 여섯 시부터 열 시까지의 네 시간을 중요시합니다. 그들처럼 적어도 그 네 시간 중 두 시간만이라도 회사원들은 자기 계발이나 전문적인 어떤 일을 연구하고 학생들은 복습을 하거나 예습을 해야 합니다. 하루에 두 시간만이라도 어떤 분야에 쏟는다면 1년에 무려 730시간을 그 분야에 투자하게 되므로 그 방면에 전문가가 될 것입니다."

인간에 대해서 연구한 학자 거의가 인간을 적극적인 사람과 소극적인 사람으로 구분한다. 적극적인 사람은 무엇이든지 실행하지만, 소극적인 사람은 실행을 주저한다.

행동하는 사람이 되라

_토마스 풀러

 당신은 일을 만들어서 하는 사람인가, 아니면 누가 시킬 때까지 그저 지켜보는 사람인가?

행동하는 사람은 항상 새로운 것을 시도해보고, 새로운 결과를 위해 도전을 주저하지 않으며, 정력이 넘친다. 그들은 진정으로 새로운 아이디어를 행동으로 옮긴다.

반면에 방관자들은 새로운 아이디어에 관심은 가지고 있지만, 누군가 그 아이디어를 테스트하기 위해 힘든 작업을 하는 동안 지켜보고만 있다. 이들은 모든 위험요소가 제거된 뒤에, 즉 아무런 위험과 부담이 없어서 해볼 만하다고 생각될 때 움직이기 시작한다.

이것도 저것도 아닌 사람들은 무관심자들이다. 이런 사람들은 새로운 아이디어를 테스트해보는 일에도, 그것을 보고 있는 것에도 관심이 없다. 그저 바람이 부는 대로 움직일 뿐이다.

성공하려면 분명 행동하는 사람이 되어야 한다. 그러기 위해서는 행동과 모험을 두려워해서는 안 된다.

선택은 오로지 당신에게 달려 있다.

도전하는 사람은 결코 포기하지 않는다

_체스터필드

 도전하는 사람은 많다. 그런데 도전하는 사람마다 모두 성공하는 것은 아니다. 어떤 사람은 성공하고 어떤 사람은 실패한다. 그 이유는 무엇일까?

윈스턴 처칠은 영국 수상으로서 두 번째 임기를 마치고 옥스퍼드대학에 강사로 초청을 받았다.

처칠은 중절모에 지팡이를 들고는 파이프 담배를 피워 물고 귀빈석에 앉아 있었다. 사회자의 소개가 끝나자 처칠은 강단에 올라 양손으로 강연대를 붙잡고 아무 말 없이 청중을 응시하였다. 강연장을 가득 메운 청중은 그의 명연설을 기대하며 숨을 죽였다.

약 30초 동안 조용히 청중을 응시하던 처칠이 마침내 입을 열었다.

"결단코, 결단코 포기해서는 안 됩니다."

다시 침묵이 흘렀다. 모두의 가슴에 길이 남을 명연설을 기대하며 청중은 처칠을 바라보았다. 드디어 입을 연 처칠이 외쳤다.

"결단코, 결단코 포기해서는 안 됩니다."

잠시 청중을 바라보고 나서 처칠은 자리로 돌아가 앉았다.

이 연설은 세계 역사상 가장 짧지만 가장 힘 있고 훌륭한 연설로 기억되고 있다.

도전에 성공하는 비결은 단 한 가지, 결단코 포기하지 않는 것이다.

좋은 습관을 길러라

_지그 지글러

 '인생'이라는 경기를 하고 있는 대부분의 사람은 남보다 먼저 정상에 오르려고 노력한다.

성공적인 삶을 영위하려는 희망은 누구에게나 있기 때문이다. 그러나 성공은 그렇게 마음대로 되지 않는다.

이런 목표를 달성하기 위해서는 무엇보다도 의식적으로 좋은 습관을 기르려고 노력해야 한다. 부단히 노력하지 않으면 자신도 모르는 사이에 좋지 못한 습관이 우리 정신과 육체를 좀먹는다. 성공하는 사람들은 하기 싫은 일이나 그렇게 잘하지 못하는 일도 어떻게든 해내는 습관을 길렀다.

생각해보라. 우리의 좋지 못한 특성들은 대부분 나쁜 습관에 의한 결과물이다. 두려움도 일종의 습관이다. 또한 패배감, 근심, 절망 등도 역시 습관이다. 불평불만이나 남의 약점을 잡는 것도 모두 나쁜 습관에 의한 결과다. 부정적인 사고방식도 나쁜 습관의 하나다.

이런 나쁜 습관들은 하루 빨리 제거해야 한다. 제거하는 방법은 간단하다. 즉, '나는 할 수 있고, 반드시 해낼 것이다'라는 마음가짐을 갖는 것이다.

이 말을 항상 마음속에 담아두고 나쁜 습관을 없애버려라. 그러면 당신 인생에 커다란 승리가 찾아올 것이다.

올바른 선택의 기준

인생의 망망대해에서 항해를 할 때 마주치는 역경이라는 험한 파도를 이겨내고 목표를 향해 전진해야 한다. 그리고 다시 여러 목적지와 목표 중에서 한 가지를 선택해야 한다. 이때 당신은 무엇을 기준으로 삼아 선택을 할 것인가?

"어떤 선택을 해야 할까?"라는 질문을 받는다면 그 답의 기준은 비전이어야 한다. 비전이야말로 당신만의 블루오션을 찾기 위한 토대가 되기 때문이다.

비전은 미래를 향한 도전이다. 이때 걸림돌이 하나 있다. 과거에 얽매인 당신 자신이다. 일이 잘 풀리지 않거나 난관을 만나게 되면 우리는 조상 탓이나 환경 탓을 한다. 바로 이런 것이 과거와 운명에 얽매어 있는 당신의 모습이다.

거친 파도를 만났을 때 거친 파도를 탓할 수는 없다. 그럴 시간조차 없다. 파도를 뚫고 나아갈 길을 모색하기에 바쁘다. 그렇지 않고 파도를 탓하며 우물쭈물하다가는 난파당하고 말 것이다.

인생의 바다를 여행하고 있는 당신은 운명과 환경에 대한 불만불평을 하루빨리 버리고 나침반이 지시하는 대로 나아가야 한다. 그리고 산적한 문제들을 비전에 따라 하나씩 해결해야 한다.

Part 3.
참된 용기에 대하여

**ONE MINUTE
SPECIAL LECTURE**

for People who is Preparing for Wonderful Future

패배를 극복하는 용기를 갖자

_웬델 필립스

 미국 역사상 가장 위대한 대통령으로 칭송받는 에이브러햄 링컨의 생애는 패배의 연속이었다. 그러나 그는 패배를 극복하고 위대한 승리를 기록하였다.

그의 학력은 초등학교 중퇴다. 그는 시골에서 조그마한 상점을 운영하다가 파산하여 그 빚을 15년에 걸쳐서 갚았다. 그는 하원의원에 출마하였다가 두 번이나 낙선의 고배를 마셨다. 상원의원에 출마했을 때도 역시 두 번이나 낙선했다. 그는 매일 신문으로부터 공격을 받았으며, 국민의 절반이 그를 무시하였다. 또한 그는 여러 가지 질병에 시달렸고, 추남으로 묘사되어 여성들로부터 멸시를 당하기도 했다. 그가 대통령으로 재직 시 나라가 남북으로 분열되어 역사상 가장 치욕으로 기록되는 최악의 유혈사태를 겪기도 했다. 그는 말도 잘 못하였으며, 연설도 너무 짧게 한다고 혹평을 받았다.

그러나 그는 이런 계속된 패배에도 불구하고 그 모든 것을 극복하여 마지막에는 미국 역사상 가장 위대한 승리를 거두었다.

에이브러햄 링컨, 그는 패배를 당할 때마다 다시 일어서는 용기를 잃지 않았다.

포기하지 마라! 포기는 금물이다.

어떤 구름이든 그 윗면은 항상 은빛으로 빛나고 있다.

어떤 일에나 위험은 따른다

_제임스 R.로렐

 무슨 일을 하든지 위험은 따르게 마련이다.

자동차 운전을 할 때에도 사고의 위험이 있다.

직장을 구하려 면접을 볼 때에도 탈락될 위험이 도사리고 있다.

그뿐만 아니라 대학 입학시험을 칠 때도 떨어질 위험이 있으며, 사랑을 할 때에도 이별의 위험은 존재한다.

산에 오르기 위해서는 추락의 위험을 감수해야 하며, 소망을 갖는 경우에도 그 소망한 것을 이루지 못해 실망할 위험이 존재한다.

성공한 사람들의 공통적인 요소는 실패를 두려워하지 않는 용기다.

노력한다는 것은 곧 실패의 위험을 감수한다는 의미다. 모든 삶에는 위험이 항상 내포되어 있다.

시도해보지 않는 한 아무것도 이룰 수 없다.

꿈에 도전하려고 할 때 실패를 두려워하지 마라.

"때때로 위험을 당해보아야 한다. 그래야 열매가 맺히기 때문이다."

윌 로이스의 말이다. 도전하는 사람이 음미해볼 만한 말이다.

조소를 견뎌내는 용기를

_지그 지글러

 클라렌스 가스는 호흡기장애로 간신히 숨을 쉬며 목숨을 유지하고 있었다.

그녀는 하루에 세 갑 이상 담배를 피웠고, 맥주를 자그만치 24병이나 마셔댔다. 그런 덕분에 그녀의 허리는 43인치나 되었고, 몸무게는 120킬로그램이나 나갔다. 그녀는 호흡곤란으로 도저히 견딜 수 없게 되자 무릎을 꿇고 기도했다.

"어떻게든 이 고통에서 벗어나게 해주십시오."

그때부터 그녀는 금연과 금주를 시작했다. 그리고 뚱뚱한 몸을 줄이기 위해서 매일 저녁 산책과 조깅을 했다.

그런데 그녀가 산책하러 공원에 갈 때마다 사람들은 그녀에게 조소를 보냈다. 거리를 달릴 때면 사람이 달리는 게 아니라 마치 드럼통이 굴러가는 것 같다며 사람들이 손가락질을 하고 지나치게 뚱뚱한 그녀의 몸을 비웃었다.

그러나 그녀는 그런 조소와 비웃음을 감내했다. 사람들의 눈초리 때문에 때로는 포기할까 하는 생각도 했으나 그녀는 자신의 건강을 위해서 모든 조소와 비웃음을 감당해냈다. 산책과 조깅으로 몸무게를 줄여야 했기 때문이다. 그녀에게는 무엇보다도 사람들의 조소를 견디어낼 수 있는 용기가 필요했다. 그녀는 마침내 건강하고 밝은 모습을 갖추게 되었다. 이제 뚱뚱한 모습은 사라지고 어엿한 중년의 모습이 되었다. 조소를 이겨낸 그녀의 용기 덕분이었다.

큰일을 할 때 비웃음이나 조소가 따를 수도 있다. 그럴 때 그것을 극복할 용기가 있어야 성취할 수 있다.

실망하지 말고 계속 전진하라. 승리의 면류관이 당신에게 올 것이다.

할 수 있다는 신념과 해내려는 용기

_로버트 슐러

 글렌 커닝햄 본인과 그의 어머니를 제외하고는 세상의 어느 누구도 그가 경보에서 우승하리라고는 상상도 못했다. 아니, 그가 정상인처럼 걷지도 못할 것이라고 생각했다.

그의 두 다리는 심한 화상을 입어 더 이상 걷지 못할 정도로 망가졌었다. 그러나 그는 여봐란듯이 빠르게 걷기를 시작했으며, 놀랍게도 세계에서 가장 빠른 경보선수가 되었다. 그것은 많은 사람이 불가능하다고 생각했지만, 그 자신은 해낼 수 있다고 굳게 믿었기 때문이다.

해낼 수 있다는 신념으로 놀라운 업적을 남긴 또 한 사람으로, 수년 전 미국은 물론 전 세계 수천만 영화 관객을 감동시킨 영화 〈록키〉의 시나리오를 쓴 실베스터 스탤론이 있다.

그는 처음에는 50명 이상의 영화제작자들로부터 시나리오 작가로서 능력이 부족하다는 평을 받았다. 할리우드 영화제작자나 감독으로부터 시나리오 작가로 성공할 수 없다는 극단적인 혹평을 받았음에도 불구하고 그의 마음속에는 시나리오 작가로서 자신의 능력에 대한 신념이 확고하게 자리 잡고 있었다. 그는 마침내 자신의 신념대로 〈록키〉라는 거작의 영화 시나리오를 썼다.

많은 사람이 당신에게 불가능하다는 제동을 걸지라도 '할 수 있다'는 확고한 신념과 '해내고 말겠다'는 용기만 있으면 얼마든지 극복할 수 있다.

가장 커다란 장애물은 당신의 신념과 용기의 부족이다. 당신 자신을 신뢰하고, 확고한 신념을 갖고, '해내고 말겠다'는 용기만 있다면 원하는 것은 무엇이든 얻을 수 있다.

안전지대를 벗어나라

_동양 격언

 살다 보면 안전지대와 모험 중 어느 한쪽을 택해야 할 경우가 있다. 안전을 택하는 것도 좋지만 모험에 도전해야만 성공할 수 있다.

어느 바닷가에 돛단배 한 척이 있다. 돛은 반쯤 올려져 있는데 움직이지 않아서인지 활기가 없어 보인다. 그 배는 움직임이 없으니 흔들리는 일도 없었으며, 고요히 바람 한 점 없는 평온한 바닷가에 정박해 있다. 배는 안전하다. 어느 곳에도 가지 않고 있으므로 폭풍우를 만날 위험도, 파산할 위험도 전혀 없다.

우리도 그처럼 모험에 대한 위험이나 부담 없이 살아갈 수 있다.

반대로 안전을 완전히 포기하고 돛을 올려서 바람을 등에 업고 거친 바다에 도전할 수도 있다.

안정을 포기하고 무엇인가에 도전하는 사람은 그 자리에 고정되어 있지 않고 다른 장소로 계속 움직여 나아간다.

근대이론과학의 선구자인 영국 물리학자 아이작 뉴턴은 사과나무 밑에 가만히 앉아만 있다가 사과가 떨어지는 것을 보고 만유인력의 법칙을 발견한 것은 아니다. 수많은 밤을 지새우며 고민하고 물체의 인력에 대해서 연구하다가 사과가 떨어지는 순간을 포착한 것이다.

어떻게 이 법칙을 발견했느냐는 질문에 그는 이렇게 대답했다.

"이 원리를 발견할 때까지 오로지 이것만 생각하였습니다."
그는 새로운 법칙을 발견하기 위하여 도전정신을 갖고 남보다 더 많은
노력을 한 것이다.
우리는 바람을 타고 항해를 하도록 되어 있다. 오직 안전만을 찾는다
면 도전도, 창조적인 생활도 기대할 수 없다.
신은 돛을 펴서 바람을 타고 거친 항해를 할 수 있도록 우리를 창조하
였다.

자신의 재능과 능력에 감사하라

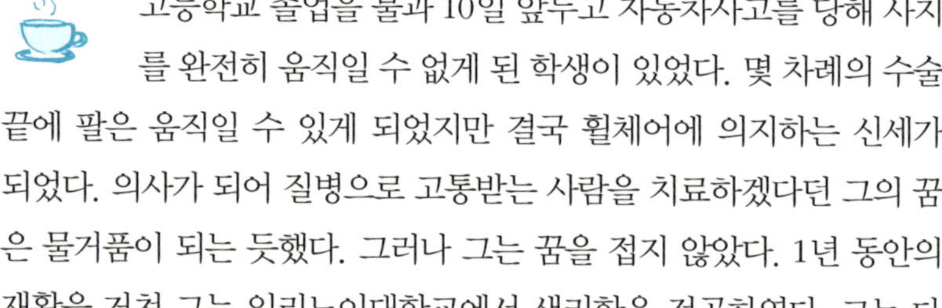

고등학교 졸업을 불과 10일 앞두고 자동차사고를 당해 사지를 완전히 움직일 수 없게 된 학생이 있었다. 몇 차례의 수술 끝에 팔은 움직일 수 있게 되었지만 결국 휠체어에 의지하는 신세가 되었다. 의사가 되어 질병으로 고통받는 사람을 치료하겠다던 그의 꿈은 물거품이 되는 듯했다. 그러나 그는 꿈을 접지 않았다. 1년 동안의 재활을 거쳐 그는 일리노이대학교에서 생리학을 전공하였다. 그는 다시 의과대학에 들어가려고 했으나 어느 대학도 그를 받아주지 않았다. 그러나 그는 포기하지 않았고 마침내 조지아대학교 의과대학에 입학하였다. 그는 휠체어에 의지한 채 하루도 빠짐없이 학교에 나가 열심히 공부하고 연구하여 '임상신경과학상'을 수상하였다. 그는 미국 역사상 휠체어를 타고 대학교를 졸업한 최초의 졸업자가 되었다. 세인 버뮤트, 졸업식 날 그가 말했다.

"사람들은 자신이 가지고 있지 않은 것을 자꾸 생각하고 바라는 경향이 있다. 만일 사람들이 거울에 비친 자신의 모습을 보고 좋은 점에 초점을 맞춘다면 그들은 이전보다 훨씬 더 나은 삶을 살게 될 것이다."

버뮤트는 우리에게 좋은 교훈을 던져주었다. 절망 속에서 우리가 가지고 있지 않은 것을 바라지 말고, 희망 속에서 우리가 가지고 있는 것을 바라도록 해야 한다는 것을…….

'그럼에도 불구하고'라는 말의 매력

인격이 드러날 때는 중요한 순간이지만,
그 인격이 만들어지는 때는 보잘것없는 작은 순간이었다.

_필립스 브룩스

 멕시코의 한 거리에 아름다운 석상石像이 있는데, 그 석상 중앙 부분에 '불구하고'라는 비문이 새겨져 있다. 그 비문은 그 석상을 만든 조각가를 기념하기 위해 새겨졌다고 한다.

그 조각가는 석상을 만드는 도중 불의의 사고를 당해 오른쪽 팔을 잃고 말았다. 그러나 그 조각가는 석상을 완성하기 위해서 왼손으로 끌질하는 법을 배웠고 마침내 왼손으로 석상을 완성하였다.

밀턴은 실명에도 불구하고 『실락원』을 썼으며, 베토벤은 귀가 멀었음에도 불구하고 작곡을 했다. 르누아르는 양손에 류머티즘성 관절염에 걸렸음에도 불구하고 명화를 그렸다.

눈이 멀었음에도 불구하고, 귀가 멀었음에도 불구하고, 늙었음에도 불구하고, 가난함에도 불구하고, 배우지 못했음에도 불구하고 많은 사람이 그 어려움을 극복하고 오히려 남보다 뛰어난 업적을 남긴 것이다.

당신도 할 수 있다. 당신도 당신의 핸디캡과 문제점에도 불구하고 훌륭한 업적을 남길 수 있다.

서로 도우며 살자

_오린 E.에딘슨

 다음은 〈가이드포스트〉에 소개된 이야기로, 인간은 서로 도우며 살 때 잘 살 수 있다는 교훈을 주고 있다.

한 등산객이 산에서 눈보라를 만나 길을 잃었다. 대피소를 찾아 헤매는 사이 손과 발이 얼고, 드디어 몸이 꽁꽁 얼어 동사凍死 직전에 이르렀다.

그러다가 자신보다 더 비참한 지경에 놓여 있는 등산객을 발견하였다. 그는 이미 쓰러져 죽기 일보 직전이었다.

순간 그는 그 등산객을 도와야겠다는 생각이 들어 등산객 앞에 무릎을 꿇고 앉아 팔다리를 주무르기 시작했다. 얼마의 시간이 지나자 등산객이 반응을 보이기 시작했다. 그리고 등산객의 팔다리를 주무르는 사이, 얼어붙어 있던 그의 팔다리에도 온기가 돌았고, 마비되었던 신경이 살아났다. 그리하여 두 사람 모두 살게 되었다.

훗날 그는 쓰러진 사람을 도와준 것이 자기 자신을 살리는 결과로 이어졌음을 깨달았다.

삶의 여정에서 때로는 남을 돕는 것이 곧 자기 자신의 삶을 윤택하게 하는 것임을 기억하라.

문이 잠겨 있으면 창문이라도 두드려라

_지그 지글러

 오늘날 많은 젊은이가 자기 사업의 꿈을 꾼다. 이것은 물론 취직이 힘든 탓도 있지만, 다른 사람 밑에서 일하는 것보다 자기 사업을 하는 게 좋겠다는 생각에서다.

엘든 켐프는 미시시피 강을 오르내리는 선박의 선장이었다. 안개가 짙어 앞이 잘 보이지 않는 어느 날 그가 운행하던 선박이 불행하게도 다른 선박과 충돌하여 그만 부상을 입고 말았다. 부상 때문에 더 이상 선박을 운행할 수 없었기에 그는 병상에 누워 있는 동안 자신의 앞날을 곰곰 따져보았다. 그는 처음에는 자신의 인생이 여기서 끝나는가 싶어 좌절감을 느꼈다. 그러나 여기서 끝난다면 자신의 인생이 너무 불쌍하다는 생각에 그동안 취미 삼아 하던 목공예 일을 해보기로 결심했다. 그는 캐비닛 목공예를 하다가 친구의 부탁으로 장식 조각을 하게 되었는데, 이것을 계기로 마침내 허름한 창고를 얻어 본격적으로 목공업을 시작했다. 그는 어느덧 기술자 여섯 명을 거느린 어엿한 목공소 사장이 되었고, 그 지역의 건물 건축 시 건물 관리 서비스 제공에 관련한 새로운 사업을 계획하고 있다. 그는 절망적 상황에 굴하지 않고 희망을 발견했으며 새로운 분야에서 더 큰 성공을 이루었다.

대문이 닫혀 있을지라도 창문은 열려 있다. 그 창문을 찾아야 한다. 오늘 그 창문을 찾는 일에 최선을 다하자.

당신의 인생은 당신만의 것이다

_모루아

 인생은 만들어내는 것이다. 당신에게 배분된 그 인생이라는 카드는 다른 사람의 의지로는 바꿀 수 없다. 그 카드를 가지고 노는 방법은 오직 당신만이 결정할 수 있다.

스프린터육상이나 수영 따위에서, 단거리선수를 이르는 말 오스카 피스토리우스는 양다리가 없음에도 불구하고 의족을 달고 2012년 런던 올림픽에서는 비장애 선수들과 경기를 치러 화제가 되었다. 런던 장애인올림픽 육상 400미터에서 우승한 뒤 장애 극복의 상징으로 런던 올림픽의 최대 영웅이 되었으며, '블레이드 러너Blade Runner'라는 별명도 얻었다.

양팔이 없음에도 불구하고 멋진 인생을 창조한 웬디 스토카는 대학 신입생이었을 때 이미 각종 수영대회에서 3위 안에 들었다. 그것도 1등과의 차이가 얼마 되지 않는 성적이었다.

위의 두 사람은 모두 자신이 원하는 인생을 사는 창조적인 사람이다. 태어날 때 가장 불행한 사람 중 하나로 태어났으나 그 불행을 원망하지 않고 스스로 자신의 인생을 멋지게 만들어갔다.

당신 앞에는 지금 어떤 장애물이 있는가? 그 장애물을 생각하지 말고, 당신이 인생에서 이루고자 하는 바를 적극적으로 생각하라. 당신의 인생은 당신이 만드는 것이다.

부당한 평판 따위는 무시하라

_버나드 M.버루크

 오늘날 매스컴과 인터넷의 발달에 따라 부당한 비판이나 평판을 많이 접하게 된다. 특히 운동선수나 언예게에 진출할 때 칭찬보다는 부당한 비판을 많이 받는다. 그리고 이런 부당한 비판을 접한 관계자가 극단적인 선택을 하는 경우도 종종 있다.

그런데 이런 혹평을 끈질긴 노력으로 이겨낸 사람들도 많다.

미식축구계에 스카우트된 한 젊은이가 첫발을 내딛는 순간 많은 매스컴으로부터 비판과 혹평이 이어졌다.

"쿼터백으로서는 너무 체구가 왜소하고, 발이 느리고, 체력이 약하여 경기를 감당할 수 없는 선수다. 이것은 분명히 스카우트의 실패다."

이런 악평을 들으면 누구나 포기하기 쉽다. 그러나 기사의 주인공인 조지아 주 출신의 이 선수는 의지가 굳고 결단력이 있었다.

그는 그런 비판에 아랑곳하지 않고 더욱 열심히 연습하였다. 그리하여 그해에 자신이 속한 팀이 결승전에 진출하는 데에 일등 공신이 되었다. 쿼터백으로서 자기 역할을 다한 것은 물론이다.

당신에 대한 비판이 아무리 거셀지라도 결코 포기해서는 안 된다.

자신의 능력을 가지고 무엇을 할 것인가를 판단할 사람은 바로 당신뿐이다. 자신의 능력을 확신하고 오늘 맡은 일에 최선을 다할 때 비난이나 비판 따위는 문제가 되지 못한다.

열망 플러스 끈기는 곧 용기다

_로버트 슐러

 브라이언 테일러는 한쪽 다리가 없다. 그러나 그는 아홉 살 때 100마일 이상의 거리를 자전거로 주행했으며, 미국 암협회에 100만 달러를 기증했다.

한쪽 다리가 없는 소년이 자전거를 타기란 쉬운 일이 아니다. 그는 자전거를 배우기 위해 끈질기게 어머니를 설득해야 했고, 허락을 받은 후 자전거를 배우는 몇 달 동안에는 자전거를 몇 대나 망쳐야만 했다. 그러나 그는 포기하지 않고 피눈물 나는 노력과 끈기로 제대로 탈 수 있게 되었다.

그는 자전거를 배우면서 성한 한쪽 다리를 자전거 페달에 묶었다. 페달을 더 빨리 밟기 위해서였다. 그런 각고의 노력 끝에 그는 마침내 정상인보다 더 빨리 달릴 수 있는 프로선수가 되었다.

인생은 고통의 연속이다. 그러나 어떠한 악조건에서도 원하는 것을 이루기 위해 많은 용기와 끈기를 발휘하면 성취할 수 있다.

노력에는 그만한 보상과 대가가 따르는 법이다.

성공하기 위해서는 오늘보다 더 강해져야만 한다. 쉬지 말고 꾸준히 노력하라.

자신의 재능을 발휘하는 것이 성공의 길이다

어떤 것에 대해 이루어질 수 없다는 말은 하지 마라.
신은 그 일이 불가능하다는 것을 무시해버릴 수 있는 사람을 기다린다.

_J.A.홈스

20세기의 가장 뛰어난 물리학자 중 한 명인 스티븐 호킹 박사는 루게릭병으로 전신마비가 되었다. 젊은 시절 그는 한때 설망하고 좌절했지만, 그 후 몸이 전부가 아님을 깨달았다. 그는 오로지 자신의 재능을 발휘하는 데에만 혼신의 힘을 기울였고 세계 최고의 천문학자가 되었다.

소경, 귀머거리, 벙어리라는 삼중고를 극복하고 하버드대학교에 입학한 사회사업가 헬렌 켈러는 장애물을 극복하고 최고의 행복과 영광을 누렸다.

그녀는 장애를 극복하여 인간의 능력과 인내가 얼마나 강한지를 보여준 훌륭한 본보기다. 세상을 떠난 지 수십 년이 흐른 지금도 전 세계인의 가슴에 강한 울림을 주고 있다.

이들은 모두 자신의 장애를 극복하고 재능을 발휘함으로써 영예를 얻었다.

냉정하게 판단하고 대처할 수 있는 인격을 갖추어라

인격이란 순간적인 감정이 지나간 오랜 후에
훌륭한 해결책을 실천해 옮길 수 있는 능력이다.

_로버트 카넬

 이 세상을 살아가는 데 인격은 참으로 중요한 요소다. 이 인격의 참 모습은 고난을 당했을 때 그대로 나타난다.

성공이 쉽게 얻어지는 것이라고 말하는 사람은 단 한 명도 없다. 인생을 통해서 얻을 수 있는 모든 보상을 자기 것으로 하기 위해서는 열심히 일을 해야 하고, 고난과 고통을 극복해야 한다.

윈스턴 처칠은 전쟁을 승리로 이끌기 위해 국민들에게 피와 땀과 눈물을 요구했다. 그는 국민들에게 쉽게 승리할 것이라고 약속하지 않았고, 승리를 위해서는 "피와 눈물과 노력이 필요하다"고 역설했다. 그의 탁월한 연설은 모든 영국 국민을 감동시켰고, 자유세계를 구해냈다.

만약 당신이 고난을 당했을 때 냉정하게 판단하여 대처하는 능력을 갖추었다면, 인생이라는 게임에서 승리를 거둘 수 있다.

천 리 길도 한 걸음부터 시작된다

'천 리 길도 한 걸음부터'라는 속담이 있다.

우리는 목표를 선제로 보기 때문에 그 양과 거리에 압도낭하는 경우가 많다. 그러나 그것을 작은 단위로 세분화하면 그 방대함을 잊어버릴 수 있다.

초등학교에 갓 입학한 어린이는 앞으로 배워야 할 많은 과목과 문제들을 생각하면 그만 압도되어버리고 만다. 그래서 처음에는 기초부터 차근차근 읽기와 쓰기를 배운다. 그다음에 비로소 다른 과목으로 들어간다.

하루는 시간으로 나뉘고, 시간은 분과 초로 나뉜다. 이것이 삶의 리듬이다.

인간에게 승리를 가져다주는 것은 목표 전체를 한꺼번에 해낼 수 있는 힘이 아니다. 단지 작은 단위부터 시작할 수 있는 힘과 용기만 있으면 된다.

한 걸음에 정상에 다다를 수 없으며, 단번에 위대한 인간이 될 수는 없다. 한 번에 한 걸음씩 끊임없이 나아감으로써 정상에 도달할 수 있는 것이다.

Part 4.
확고한 목표에 대하여

ONE MINUTE
SPECIAL LECTURE
for People who is Preparing for Wonderful Future

소망은 분명하게, 계획은 치밀하게

_윌리엄 오슬러

인생에서 진정으로 원하는 것을 얻고 싶은가? 그러기 위해서는 먼저 진정으로 원하는 바가 무엇인지를 알아야 한다. 그다음 그것을 얻기 위한 세부 계획을 세워야 한다.

원하는 것을 얻는 데 절대적으로 필요한 열쇠는 소망을 기록하는 것이다. 우선 종이 위에 문제들을 적어라. 이제 다음 문장을 완성시켜보라.

'나는 __________ 때문에 목표를 달성할 수 없다.'

예를 들어서, 이렇게 적을 수 있을 것이다.

'나는 돈이 없기 때문에 목표를 설정할 수 없다.'

자신의 목표를 방해하는 것이 무엇인가를 알면 다음 두 가지 질문 중 어느 하나에 대답할 수 있다.

'__________ 없이 어떻게 나는 목표를 달성할 수 있는가?'

'어떻게 나는 __________을 얻을 수 있는가?'

이러한 방식으로 풀어나가다 보면 목표에 좀 더 가까워질 수 있다. 목표 달성을 위한 계획 수립 후 끝까지 노력하라. 분명히 성공할 것이다.

더 구체적인 계획을 세워라

_노먼 빈센트 필

 사람은 누구나 성공하기를 원하지만 대부분의 사람은 무엇을 어디에서부터 시작해야 하는지를 모른다.

성공의 선행 조건 중 하나는 목표 수립이다. 그다음은 목표 달성을 위한 계획의 수립이다. 이들 필수 조건들은 당신의 관심과 목표가 교육이든 의학이든 다른 무엇이든 간에 관계없이 적용되는 것이다.

한 유명 배우가 중년에 직업을 바꾸기로 결심했다. 그의 목표는 정계 입문이었다. 그는 지방 정계에서부터 진출하기로 계획을 세웠다. 그의 최종 계획은 물론 대통령이 되는 것이었다. 그가 바로 로널드 레이건이었다.

안경을 낀 한 작은 소년은 위대한 프로골퍼가 되고 싶었다. 그는 자신의 계획대로 고등학교와 대학에서 선수 생활을 하였으며, 지금은 프로골프협회 순회 경기에서 매번 상금을 획득하는 선수가 되었다. 그가 톰 카이트다.

목표는 생각만 하고 있다고 해서 달성되는 것은 아니다. 실천에 옮길 명확한 계획이 있어야 한다. 목표를 성공적으로 달성하는 방법은 열심히 일하고 목표를 향해 정확히 나아가는 것이다. 성공에 이르고 싶다면 신중하게 계획을 세우고 그 계획대로 실천해야 한다.

목표 성취에는 장애가 따른다

데이비드 웰쉬는 변호사가 되고 싶었고 또 되기로 결심했다.
그러나 그 꿈을 이루는 데 한 가지 문제가 있었다. 바로 난독
증難讀症이었다.

초등학교 시절, 그의 증상을 안 부모와 교사들은 그의 꿈에 고개를 흔
들었다. 그러나 그는 뜻을 굽히지 않았다.

그는 웨스트민스터대학교에 입학하였다. 필기가 힘들었기에 모든 강
의를 녹음하였고 시험 답안은 타이프를 사용하였다. 그는 모든 난관을
물리치고 마침내 대학을 졸업하였다.

그가 법대에 입학하려 했을 때도 많은 사람이 고개를 흔들었다.

그러나 그는 적극적인 사고방식과 용기를 잃지 않았다. 그는 결국 툴
사대학교 법대에 입학했으며, 모든 강의 내용을 녹음하여 반복해서 들
었으며 도서관에서 과제물을 받아서 읽고 또 읽으며 노력하였다. 대필
자를 구해서 학기 과제물을 받아적도록 하기도 했다. 마침내 그는 꿈
에 그리던 변호사가 되었다.

많은 사람이 그의 장애를 이유로 그가 변호사가 될 수 없다고 하였다.
그러나 그는 해내고 말았다.

당신이 목표를 성취하는 데는 물론 장해가 있을 것이다. 그것이 무엇
이든 장해를 극복할 때 당신은 성공자가 될 것이다.

두려움을 극복하고 온 힘을 집중시켜라

_알렉산더 그레이엄 벨

"두려움이란 반드시 있게 마련이다. 지혜로운 사람은 그 두려움을 제기하려고 하지 않고 극복한다."

피터 비스마르의 말이다. 그는 운동을 좋아하면서도 작은 체구로 인해 항상 좌절감을 느꼈다. 그는 열한 살 때 체조선수가 되기로 결심했다. 구소련의 올가 코르부트와 루마니아의 나디아 코마네치에게 깊은 감명을 받은 그는 고등학교 시절에도 체조를 하였고, 캘리포니아주립대학교에 입학하여 장학금까지 받았다. 그는 세계 상위 선수 중 한 명이었다. 그는 아메리칸컵 대회에 출전하여 경이적인 점수를 기록했다. 스물한 살 때 그의 키는 162센티미터에 불과했다.

"그는 체조에 천부적인 체질을 타고난 것은 아니다. 그보다도 신체적 조건이 좋은 사람은 많다. 그러나 그는 굳센 의지로 그들을 능가할 수 있었다."

피터의 코치가 한 말이다.

피터는 신체적인 핸디캡에도 불구하고 완벽한 연기를 해내기까지 4년간 피눈물 나는 강훈련을 견디어 승리의 영광을 차지했다.

목표를 세워라. 그리고 굳센 의지를 가지고 노력하라. 그러면 정상에 오를 수 있다.

장애를 발전의 기회로 삼아라

장애는 발전의 기회가 될 수 있다. 캐롤 파머는 단지 두 학기 동안을 교사로서 강단에 선 후, 가르치는 직업이 자기에게 적당치 않다는 것을 발견하였다.

그녀는 디자이너가 되기를 원했다. 교사라는 직업보다 더 많은 돈을 벌 수 있고, 또 시간적으로도 자유로웠기 때문이다. 그녀는 교사로서 1년에 5천 달러를 벌었으나 디자이너로서는 첫해에 5천 12달러의 소득을 올렸다.

그녀는 디자이너에서 광고대행으로 직업을 바꾸었고, 곧 3만 5천 달러의 수입을 얻었으며, 그 수입을 회사 설립에 투자하였다. 그리하여 그 첫해에 교사 수입의 20배에 가까운 10만 달러의 소득을 얻었다.

너무나 많은 사람이 장애에 부딪힐 때, 그것을 기회로 여기지 않고 쉽게 절망해버린다.

캐롤 파머는 한 직업에서의 실패와 절망을 다른 직업으로 옮겨, 행복과 창조로 바꾸었다. 장애를 창조적으로 극복해낸 것이다.

장애물을 창조적으로 극복하는 삶의 방식을 찾아라. 그러면 정상에 오를 수 있다.

장애는 목표를 막지 못한다

당신의 인생은 당신 스스로 창조하는 것이다.

1983년 6월 4일, AP연합통신과 UPI통신은 각각 특이한 졸업식 장면을 보도했다. 이들 두 통신사의 보도 내용은 사람들의 마음을 감동시켰다.

AP연합통신의 보도의 주인공은 덩 느구엔이라는 여성이었다. 그녀는 월남 출신으로 1975년 미국에 처음 도착했을 때는 단 한 단어의 영어밖에 사용할 줄 몰랐다. 그러나 1983년 그녀가 플로리다 주의 펜사콜라고등학교를 졸업할 때는 전 졸업생을 대표해서 답사를 읽었고, 레이건 대통령으로부터 축하 전화를 받았다.

UPI통신은 제럴딘 로혼에 대해 보도했다. 1983년도 일리노이대학교 졸업생들 중에 나이가 매우 많은 사람 중 하나였고 성적도 우수했다. 그녀는 또한 시각 및 청각 장애인으로는 여섯 번째 대학 졸업자였다.

"우리는 누구나 똑같은 목표를 갖고 있습니다. 그러나 갈 길은 각자 다른 거예요."

그녀의 말이다. 그녀는 많은 장애가 있음에도 불구하고 자포자기하지 않았다. 당신에게도 이미 장애가 있을 수도 있다. 아니면 살아가는 동안 장애를 만날지도 모른다. 그것을 극복할 때 당신의 목표에 도달할 수 있다.

부정적인 것에 대해 "아니오" 라고 대답하라

_장 드 라 브뤼에르

'아니오'라는 말이 실제로는 성공을 위한 '예'를 의미하는 경우가 있다.

샌드라의 연주회장을 꽉 메운 청중은 숨소리도 내지 않고 조용히 음악을 감상하고 있었다. 그녀의 연주가 끝나자 청중은 우레와 같은 박수를 보냈다. 샌드라는 삶의 보람을 느꼈다. 연주를 훌륭히 해냄으로써 청중에게 박수갈채를 받은 것이 무한히 기뻤다.

그녀의 연주 실력은 하루아침에 이루어진 것이 아니다. 오늘의 영광이 있기까지 그녀는 무려 9년이라는 긴 세월을 각고의 노력으로 쌓아올렸다. 그동안 많은 파티나 사회적 모임에 초대를 받았고, 또 TV나 쇼 등 여러 출연 교섭도 받았으나 그녀는 목표를 위해 모두 "아니오"라고 대답했다. 오로지 연습에만 몰두하기 위해서였다. 그러나 이 '아니오'는 자신의 생애에서 목표에 대해 '예' 하기 위해서였다.

당신에게도 "아니오"라고 거절해야 할 때가 있다. 그때 "아니오"라고 거절하지 못하면 목표에 도달하기는 어려울 것이다. 성공을 위한 거절은 미덕임을 알아야 한다.

노력해야 목표에 도달한다

우리 사회에서 여성들이 성공하기 위해서는 더욱 열심히 일해야 한다.

"힘이 들지만 해볼 만합니다."

여성 실업가 먼킨의 말이다. 그녀는 1년에 몇 백만 달러의 수익을 올리는 회사를 경영하고 있다.

그녀는 의지가 강하다. 그녀의 인생은 고된 자기 훈련과 고독, 그리고 힘든 일과의 연속이었다. 그러나 그녀는 그런 어려움을 뚫고 10년이 되기도 전에 비서직에서 간부직으로 승진했다.

그녀는 하루에 열다섯 시간씩 일한다. 그리고 그중 대부분의 시간을 비행기 안에서 보낸다.

그녀의 성공에는 자기와 같은 나약한 여성을 돕겠다는 목표가 무엇보다도 가장 크게 작용했다. 그녀는 그 목표를 위해 최선을 다해 그 일을 해오고 있다.

"최선의 노력과 자기 훈련에 게을리하지 않았는가?"

우리에게 향하는 그녀의 질문이다. 그녀는 많은 사람이 성공을 위해 대가를 지불하지 않기 때문에 실패한다고 말한다.

당신은 열심히 일하고 있는가? 오늘 이 시간에 자문하고 자답해보라.

일의 우선순위를 정하라

일의 순서를 정한 다음에는 먼저 해야 할 일부터 차례대로 해나가는 것이 무엇보다 중요하다. 우선순위를 정하는 데 어떤 곤란을 느껴서는 안 된다. 당신이 해야 할 일의 목록을 작성한 다음 그것들을 중요 정도에 따라 순서를 정하면 된다.

예를 들어서 당신에게 지금 순서를 정할 필요가 있는 세 가지 일이 있다고 가정해보자. 숙제를 하는 일, 입학시험을 준비하는 일, 그리고 장래 변호사가 되는 일이 그것이다. 목록을 작성하면 자연히 일의 우선순위가 결정된다. 여기서 굳이 말하지 않아도 독자들은 일의 우선순위를 알고 있을 것이다.

장기 계획을 세우는 것이 좋으나 실제적인 문제로서 바로 지금 관심을 기울여야 되는 일에 대해 생각하는 것이 역시 더 중요하다. 혹은 주의 깊게만 계획한다면 두 가지 다 해낼 시간이 충분할 수도 있을 것이다.

내일을 위한 계획 때문에 오늘 할 일을 소홀히 해서는 안 된다. 오늘 일 역시 중요한 것이다. 오늘의 단기 목표를 달성하는 것은 곧 내일의 장기 목표를 달성할 원동력이 된다는 사실을 기억하자.

계획은 단순하게

인생에서 정녕 기회가 적은 것인가?
그것을 볼 줄 아는 눈과 붙잡을 수 있는 의지를 가진 사람이라야
기회를 잡을 수 있다.

_로렌스 굴드

육상선수 토시리코 세코는 매일 실천할 간단한 훈련 계획을 세웠다. 그것은 정말 단순했다. 단지 몇 글자에 불과한 것이었다. 그러나 그는 그 단순한 계획으로 1981년 보스톤 마라톤 대회와 1983년 도쿄 마라톤 대회에서 우승을 차지하였다. 계획대로 착실히 훈련을 쌓아 세계적인 선수들을 물리쳤던 것이다.

그의 단순한 계획은 '아침에 10킬로미터, 저녁에 20킬로미터 연습'이었다.

계획이 너무 단순하지 않았느냐는 질문에 그는 이렇게 대답했다.

"물론 단순하지요. 그러나 저는 1년 365일 하루도 거르지 않고 그대로 실천합니다."

우리가 어떤 목표 달성에 실패하는 이유는 그 계획이 너무 단순해서가 아니라 계획대로 실천하지 않기 때문이다. 많은 사람이 목표를 세우지만 그에 따른 실행을 하지 않는다. 당신이 A학점을 받겠다는 목표를 세워놓고 매일 연속극이나 코미디 프로그램만 보고 있다면, A학점은 결코 딸 수 없을 것이다.

세코의 계획은 그가 매일 실천하기에 효과적인 것이었다. 계획이 반드시 거창해야 좋은 것은 아니다.

매일을 위한 여섯 가지 행동 단계

자기 능력이나 실력은 생각하지 않고
단숨에 2단, 3단 뛰어올라가려 해서는 성공하지 못한다.
일시적인 성공은 있을 수 있으나 머지않아 떨어지고 말 것이다.

_벤저민 프랭클린

 스스로의 목표를 정하여 그곳에 될 수 있는 한 빨리 도달할 수 있을 룰을 몇 개 들어보자.

첫째, 그것이 무엇인가를 생각한다. 하고 싶은 일이나 돈도 좋다. 하여튼 목표를 설정한다.

둘째, 목표 설정에 일정한 기한을 정하지 않는다. 목표를 향해 쉬지 않고 부지런하고 끈질기게 정진하는 자세가 중요하다.

셋째, 현재 하고 있는 일에 정신을 집중한다. 먼 목표를 마음에 두면서 현재의 일에 최선을 다하는 것이 중요하다.

넷째, 도중의 장애물에는 상관하지 않는다. 단기 목표가 모두 달성된다고 할 수는 없다. 자기의 꿈이 어떤 중요한 곳에서 깨졌다 해도 '이것으로 끝장'이라는 생각을 할 필요는 없다.

다섯째, 한눈을 팔지 않는다. 문제를 연구하면서 잠시 동안은 그것을 잊어버려야 한다. 잠재의식에 문제를 심는 시간을 주어야 한다.

여섯째, 앞일로 너무 고민해서는 안 된다. 마치 야구의 주심처럼 공이 오는 대로 판단하면 된다. '그렇게 되지 않을까?' 하고 앞일을 고민할 필요는 없다.

희망이 있는 한 모든 것을 잃지는 않는다

_퀵 드 클라피에르 보브나르스

 "희망은 꿈으로 가득한 것이다. 희망은 슬픔을 치료해주며 상심한 자들을 위로해준다. 희망은 인내하는 힘이다."

데니스 월터스는 그에게 큰 불행이 닥치기 전까지 미국에서 가장 촉망받는 젊은 골퍼 중 한 명이었다. 그는 1974년 카트가 전복되는 사고를 당해 허리 아래가 마비되는 불운을 맞았다.

몸이 불편해졌다는 것보다는 골프를 할 수 없고 그저 관전해야 한다는 것이 더 큰 절망이었다.

월터스가 자신의 처지를 비관하고 모든 것을 체념하려고 한 순간, 그는 놀랍게도 자신의 몸에서 새로운 가능성을 발견한다. 하체는 움직일 수 없었지만 팔에 엄청난 힘이 생긴 것이다.

그는 골프 지도자가 되기로 목표를 정했다. 두 다리가 마비된 사람이 그러한 목표를 세웠으니 모든 사람이 놀랄 만했다.

월터스는 앉은 자리에서 골프공을 치는 법을 습득했고 이어서 의자를 벗어나 목발을 짚고 걸어가 한 손으로 치는 법을 배웠다.

셀 수 없이 많은 골프공을 한곳에 두고 연속해서 샷을 날리던 월터스는 이 같은 골프에 대한 열정 덕에 PGA 평생 명예회원이 되는 영예까지 안았다.

시간은 가장 값진 자산이다

미국인은 시간 절약 장치를 많이 가지고 있다.
그러나 세계에서 가장 짧게 시간을 사용하는 사람들이다.

_덩컨 콜드웰

세계 제일의 갑부나 가난한 사람이나 똑같은 것이 하나 있다. 그들에게 하루에 1,440분의 시간이 주어진다는 사실이다. 그런데 많은 사람이 시간이 없다고 끊임없이 불평하고 있다.

시간은 우리에게 가장 중요한 재산이다. 시간은 한 번 지나가면 결코 다시 오지 않고 영원히 사라져버린다. 문제는 주어진 시간을 얼마나 효과적으로 사용하느냐 하는 것이다.

매시간은 60분이지만 실제 생활에서는 그것을 깨닫지 못한다. 실제 시간은 60분이 아니라, 당신이 사용하는 분량만큼의 시간이다.

얼마나 많은 시간을 낭비하고 있는가를 확실히 알기 위해서는 '시간 활동 명세서'를 작성할 필요가 있다. 하루를 여덟 시간 단위로 분류한 다음, 한 시간을 60분 단위로 세분하여 할 일을 기록해나감으로써 당신이 시간을 어떻게 활용하고 있는지를 알 수 있다.

한 주 동안만 그렇게 해보면 얼마나 불필요한 항목에 시간을 낭비하고 있는지를 깨달을 것이며, 그 같은 사실에 당신은 놀라움을 금치 못할 것이다.

시간은 정말로 당신 자신이나 다른 사람에게 팔 수 없는 유일한 재산이다. 시간을 유익하게 사용할수록 더 값비싼 보상을 받게 될 것이다.

성패의 차이와 열망

나는 죽을 때까지 철저하게 나 자신을 모두 사용하겠다.
내가 열심히 일하면 일할수록 나는 더 오래 살 것이기 때문이다.

_조지 버나드 쇼

성공과 실패는 열망이 있느냐 없느냐에 따라 결정되는 경우가 많다. 운동선수이든, 세일즈맨이든, 학생이든 남보다 뛰어나기 위해서는 열망을 가져야 한다.

성공의 요소 중 가장 중요한 요소는 단순하면서도 생생한 열망이다. 축구선수는 마지막 순간까지 골인시켜야겠다는 열망이 있어야 한다. 상품을 판매하기 위해 매일 가가호호 방문하는 세일즈맨 역시 열망을 가져야 한다. 물론 그 상품에 대한 지식이나 판매 기술도 알아야 하지만 열망이 없으면 성공할 수가 없다.

대개 세일즈맨은 상품 판매의 기술을 알고 있으며 축구선수는 슈팅 기술을 알고 있다. 그러나 성공해보겠다는, 기어이 성공하고야 말겠다는 철저한 열망 없이는 그 누구도 자신의 능력을 온전히 발휘할 수 없다.

당신은 어떤가? 성공하겠다는 강한 열망이 있는가? 당신이 선택한 목표를 이루기 위해 열심히 노력하고 있는가? 만일 이 물음에 "예"라고 답할 수 있다면 당신은 성공할 것이다.

성공의 7단계

눈앞의 실패에 좌절하지 않을 수 있는 장기 목표를
반드시 가지고 있어야 한다.

_찰스 C.노블

누구든 자기가 원하는 것들을 기록할 수 있는 노트를 가져야
한다. 그리고 바라는 것들이 현실화되도록 하기 위해서는 반
드시 계획을 세워 실천해야 한다. 여기서 바라는 것들을 얻거나 목표
를 달성하기 위해 필요한 7단계를 알아보자.

첫째, 원하는 것이 무엇인지를 확인한다.
둘째, 그것을 왜 원하는지 분명하게 적어본다.
셋째, 자신과 목표 사이에 놓여 있는 장애 요소를 상세하게 열거해본다.
넷째, 목표를 달성하기 위한 단계적 과정이 무엇인가를 점검해본다.
다섯째, 목표를 달성하기 위해 같이 일할 필요가 있는 사람들을 점검한다.
여섯째, 성공에 이르기 위한 상세한 행동 계획을 개발한다.
일곱째, 목표가 달성될 수 있을 거라고 예상되는 날짜를 설정한다.

이상 7단계를 따른다면, 당신이 원하는 것들을 얻을 수 있을 것이며
'소망노트'의 차원을 떠나 '성취의 단계'에 이를 것이다.

오늘 하루에 최선을 다하라

_조셉 C.그루

인생은 오늘이라는 하루의 연속이다. 당신은 오늘 하루를 허비할 수도 있고 이용할 수도 있나. 그리고 하루를 어떻게 보내는 당신 인생에서 그 하루는 사라지고 만다.

시간을 효과적으로 사용하기 위한 세 가지 방법을 보자.

첫째, 자신의 목표에 시간을 바쳐라. 전문가가 되기 위해서는 1만 시간이 필요하다. 누구든지 또 무슨 일에나 그 정도의 시간만 바친다면 성공할 수 있다.

둘째, 주어진 시간을 유익하게 사용하라. 허버트 후버는 역에서 열차를 기다리는 시간에도 책을 썼고 노엘 코워드는 혼잡 속에서 대본을 집필했다.

셋째, 시간을 낭비하지 마라. 최근 한 대중 잡지는 14개 회사의 중역으로 있는 18명의 시간 사용법에 대해 조사를 했다. 이 조사에 의하면 18명의 중역들은 하루 평균 5시간 30분을 잡담으로 소비했다. 시간을 낭비하고 있었던 것이다.

오늘은 매우 중요한 날이다. 당신이 하루를 어떻게 소비하든 당신의 인생 가운데 주어진 오직 하루뿐인 하루를 보내고 있다는 사실을 잊어서는 안 된다.

행동이 목표 성취의 비결이다

_지그 지글러

 영국의 명재상 벤저민 디즈레일리는 "행동력이 항상 행복을 가져다주는 것은 아니지만 행동이 없이는 행복도 불가능하다"고 말하였다.

"행동은 위대한 것이다. 왜냐하면 사람들이 올바른 것을 행하게 되면 조만간에 다른 사람들도 그 행동을 좋아하게 되기 때문이다."

어스컨드의 말이다.

데일 카네기는 이렇게 강조했다.

"열심히 일하는 사람이 되기를 원한다면 열심히 행동해야 한다."

윌리엄 제임스는 마음가짐을 바꿀 수 있다는 의미로 다음과 같이 말했다.

"행복하기 때문에 노래하는 것이 아니라, 노래하기 때문에 행복한 것이다."

이들 모두 한결같이 같은 내용의 말을 하고 있다. 무엇인가를 위해 말하고, 행동하며, 실천하면 그에 따른 보상과 인정을 받게 됨은 물론 행복을 느낄 수도 있다. 무슨 일로든 바쁘게 움직일 때 우리의 마음도 좋은 생각들로 가득 차게 된다.

'일이 성취되어 간다'는 생각이 마음속에서 솟아날 때 인간은 행복감과 만족감을 느끼게 된다. 행복을 원하거든 열심히 일하라!

행운을 창조하라

_윌리엄 홀

 성공은 운이 따라야 한다고 생각하는 사람들이 많다. 그러나 행운을 잡은 사람들의 99퍼센트는 그 행운을 스스로 창조했음을 역사가 증명하고 있다.

역사학자 에드워드 기번은 이렇게 말했다.

"바람과 파도는 언제나 유능한 항해사의 편이다."

후에 누군가 그 말을 조금 더 현대적인, 그리고 조금은 더 냉소적인 감각으로 바꾸어서 이렇게 말했다.

"경기의 승리가 반드시 강한 자와 빠른 자에게 돌아가는 것은 아니지만, 강한 자와 빠른 자에게 내기를 거는 것이 일반적이다."

행운을 이 말에 적용시키면 이렇게 말할 수 있을 것이다.

"행운을 얻기 위해서는 준비에 최선을 다해야 한다."

성공하기 위해서는 최선의 준비와 노력을 해야 하며 밑바닥에서부터 시작해야 한다. 어디로 갈 것인지조차 모른다면 유리한 무역풍은 불지 않는다.

우선 자신이 원하는 것이 무엇인가를 결정하고, 그 목표를 달성하기 위한 준비를 부지런히 해야 한다. 그리고 끝내는, 언젠가는 그 목표에 분명히 도달하리라는 믿음을 가져야 한다.

목표는 다다를 수 있는 범위 내에 있다

_지그 지글러

1952년 7월 4일, 플로렌스 채드윅은 카탈리나 섬을 출발하여 3만 3,600킬로미터 떨어진 캘리포니아 해안을 향해서 바다로 뛰어들었다. 그녀는 이미 영국해협을 왕복으로 건넌 후였고, 이제 카탈리나해협을 건넌 최초의 여성 수영선수가 되려고 마음먹고 있었다. 그러나 피로와 차가운 물의 온도를 감당하지 못하고 15시간만에 배 위로 끌어올려졌다. 그녀는 목표 지점이 겨우 800미터밖에 남지 않았음을 알고는 깊은 패배감에 빠졌다.

"만일 안개가 끼지 않아 목표 지점을 볼 수 있었다면, 추위와 피로를 능히 이길 수 있었을 텐데……."

그녀의 말이다. 목표 지점을 볼 수 없었기 때문에 중도에 포기하고 만 것이다.

2개월 후, 똑같은 지점에서 다시 시도를 했다. 이번에도 안개가 시야를 가렸다. 그러나 목표가 어디쯤인지를 잘 알고 있었기에 계속 헤엄쳐 나아갔다. 마침내 그녀는 카탈리나해협을 수영으로 건넌 최초의 여성이 되었다.

당신의 목표를 볼 수 없을지는 모르나 분명히 어느 곳엔가 있다. 목표를 볼 수 없을지라도 추구하는 목표가 반드시 거기에 있음을 확신하고 마음을 굳게 가지면, 열정과 의지가 용솟음칠 것이다.

현실적으로 가능한 목표를 설정하라

_지그 지글러

목표를 달성하기 위해서는 목표를 설정하고 오랜 시간 열심히 노력해야 한다. 그런데 그 목표가 비현실적이고 너무 광범위하며 도저히 불가능한 것이라면 전혀 쓸모가 없다. 당신의 인생이나 사업에서 성공하기 위해서는 목표를 바로 세워야 하며, 올바른 목표 설정을 위해서는 다음의 세 가지 요소를 기억해두어야 한다.

첫째, 목표가 현실적이어야 한다. 훌륭한 화가가 되겠다는 꿈이 있다면 적어도 데생에서 낙제 점수를 받지 말아야 한다. 그 기본조차도 안 되어 있다면 그런 꿈은 비현실적이다.

둘째, 목표는 항상 구체적이어야 한다. '우리 팀원 모두를 항상 기분 좋게 해주겠다'는 식의 목표는 바람직하지 못하다. 그것은 측정할 수도 없는 추상적인 것이기 때문이다.

셋째, 목표는 반드시 도전 가능한 것이어야 한다. 당신의 목표가 손에 닿을 수 있을 정도로 너무 가까운 곳에 있어서도 안 되지만, 눈에 보이지 않을 정도로 너무 먼 곳에 있어서도 안 된다.

커다란 보람을 느끼기에 충분할 만큼의 가치가 있는 목표를 설정해야 하지만, 동시에 실현 가능한 것이어야만 한다.

목표 설정은 어떤 의미를 가지는가

_프랑수아 드 라로슈푸코

철강 왕 앤드루 카네기는 스코틀랜드 태생의 가난한 젊은이였다. 학력이라곤 초등학교 4년 중퇴가 전부였기에 처음에는 시간당 2센트를 받고 일했다. 그러나 그는 대재벌이 되었다.

그는 비록 못 배우고 가난했지만 목표가 뚜렷했다. 나중에야 대재벌이 되었지만 그러기까지 숱한 절망이 따랐다. 그러나 그 절망에 꺾이지 않고 목표를 향해 꾸준히 나아갔고 결국 성공을 거머쥐었다.

목표는 목적이라 해도 좋다. 그러나 그것은 단순한 꿈과는 다르다. 즉, 행동을 수반한 꿈인 것이다. '그것이 이룩되었으면……' 하는 막연한 꿈이 아니라, '이것이야말로 내가 목표로 하는 것'이라는 확실한 신념이 있어야만 한다.

목표가 확립되기까지는 한 발짝도 앞으로 전진할 수가 없다. 목표가 없는 사람은 그저 인생을 배회할 뿐이다.

중요한 것은 당신이 지금 어디 있느냐가 아니라 앞으로 어디로 가려고 하느냐이다.

성공하기 위해서는 당신의 모든 시간을 그 목표에 바쳐 몰두해야 한다. 당신의 눈을 목표에 고정해야 하며 그럼으로써 목표를 달성할 수 있는 에너지가 만들어진다. 목표의 설정은 게으름과 좌절을 없애주고, 정열과 에너지를 증가시킨다.

계획 달성을 위한 기술

세계의 백화점 왕 존 워너메이커는 이렇게 말했다.

"성공의 비결을 묻지만 말고 해야 할 일에 전력을 기울여라."

자기가 설정한 목표에 전력을 기울이기 위해서는 몇 가지 기술이 필요하다.

첫째, 목표를 뚜렷하게 마음속에 그린다. 자기가 달성하고자 하는 것을 환하게 볼 수 있어야 한다. 그저 '달성되면 좋은데……'라고 생각할 것이 아니라 이미 그것을 달성하고 있는 자기 자신을 선명하게 마음속에 그려야 한다. 그리고 그 마음의 그림을 매일 확인해야 한다.

둘째, 목표를 확인하라. 그 목표를 입으로 시인하고, 종이에 적어 자꾸 들여다봐야 한다.

셋째, 소극적인 생각을 추방해야 한다. '목표를 달성할 수 없으면 어떻게 하나' 하는 소극적인 생각을 버리고 반드시 달성된다고 하는 적극적이고 강인한 신념으로 당신의 정신을 무장해야 한다.

넷째, 행동해야 한다. 마음에 그리고, 입으로 시인하고, 소극적인 생각을 버린다 해도 행동하지 않는 한, 목표는 결코 달성될 수 없다.

매일, 그 목표를 향해 무엇인가를 해야만 한다.

목적 달성을 향한 단계

성공하려거든 남을 밀어젖히지 말고 또 자기 힘을 측량해서 무리하지 말며
자기가 뜻한 일에는 한눈팔지 말고 묵묵히 나아가야 한다.
이것이 곧 성공이 뛰쳐나오는 요술 주머니다.

_벤저민 프랭클린

 당신이 무엇인가를 시작하려 할 때면 우선 마음속으로 세 가지 측면을 고려해야 한다.

첫째, 당신의 목표다.

자기가 인생에서 무엇을 얻어야 할 것인가를 정확히 알고 있는 사람은 극히 드물다. 만약 당신이 현재에 만족하지 못하거나 더 좋은 것을 바란다면 마음속에 그것을 심어넣어야 한다.

둘째, 저항이다.

목표가 확정된 다음에는 당신과 목표 사이에 존재하는 모든 저항을 열거해보라. 그것을 글로 써서 자주 되씹어보면 당신의 앞길을 가로막고 있는 문제들과 그 해결책을 깨달을 것이다.

셋째, 계획이다.

저항을 없애기 위한 행동 계획을 수립해야 하는 것이다.

만약 당신이 실패하여 그 원인을 조사한다면, 이 세 가지 측면 중 어느 한 가지가 빠져 있음을 발견할 것이다.

일어날 수 있는 모든 저항을 미리 예상하고, 그 대책을 강구함으로써 비로소 당신의 행동 계획은 완전한 것이 될 수 있다.

성공한 자신의 모습을 상상하라

새로운 아이디어를 추구하는 인간의 마음은
결코 본래의 차원으로 회귀하지 않는다.

_올리버 웬델 홈스

 적극적인 사고력의 중요성은 모두가 인정할 것이다. 적극적인 사고방식을 가지고 성취하고야 말겠다는 확고한 의지만 있으면 누구든지 뜻한 바를 이룰 수 있다.

미국의 유명한 골프 왕 잭 니클라우스는 퍼트를 하기 전에 컵 속에 담긴 공을 미리 그려본다. 또 라파엘 셉티엔은 킥을 하기 전에 공중으로 치솟은 볼을 미리 연상한다. 모제스 말론은 슛을 던지기 전에 공이 네트를 갈라놓는 장면을 미리 연상했다고 한다.

맥스웰 몰츠의 명저 『사이버네틱스』에는 운동선수들이 자주 이용하는 상상 훈련에 관한 과학적인 연구 결과가 나온다. 그가 연구한 바에 의하면, 선수들이 마음으로 연습한 장면과 실제의 장면과의 차이는 아주 근소하다고 한다.

이 마음으로 연습하는 훈련 과정은 운동선수들뿐만 아니라 우리의 실생활에서도 얼마든지 그 효과를 발휘할 것이다.

성공한 뒤의 자신의 모습을 마음속으로 생각하고 있으면, 실제로 성공하는 데 많은 도움이 된다. 마음속으로 그 장면이 현실화될 것을 확신하고, 항상 당신의 성공한 모습을 그려보라.

목표는 바른 길로 이끄는 나침반이다

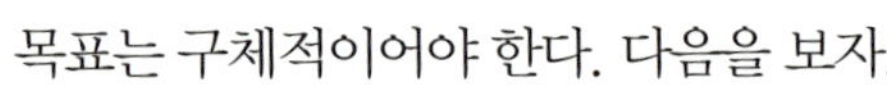

목표는 구체적이어야 한다. 다음을 보자.

첫째, 일의 목표다. 에디슨이나 철강 왕 카네기는 마치 강한 자석처럼 자기가 택한 일을 향해 돌진해 갔다.

둘째, 수입 면에서의 목표다. 이것은 성공한 많은 사람의 지침이기도 했다. 당신의 목표에도 수입이 포함되어야 한다. 그러나 그 목표는 막연히 '많은 돈'이 아니라 앞으로 1년 후에 또는 10년 후에 연봉 얼마를 벌겠다는 구체적인 목표여야 한다.

셋째, 주거지에 관한 목표다. 자신이 몸담는 주거지를 좀 더 안락하게 하고 싶다는 것은 온 인류의 공통적인 목표다. 당신은 주거지에 대해 좀 더 구체적인 목표와 설계를 가지고 있어야 한다.

넷째, 비물질적인 목표다. 이것은 정신적인 것이다. 더 고차원적인 목표라고도 할 수 있다.

당신의 경우, 이상의 목표 가운데 어느 하나에만 해당할 수도 있고 또 몇 가지가 복합되었는지도 모른다. 참으로 중요한 것은 자기가 진정으로 원하는 목표를 선택하는 데에 있다.

목표야말로 당신을 옳은 길로 이끄는 나침반이 되는 것이다.

성공을 원한다면 성공에 관한 일만 생각하라

_레오나르도 다빈치

헨리 포드나 앤드루 카네기처럼 성공에 도달한 사람들의 비결은 도대체 무엇일까? 그 해답은 다음의 세 가지로 요약할 수 있다.

첫째, 그들은 자신의 연필을 꽉 쥐고 자기의 운명을 그려나갔다. 그들에게는 자기 인생은 자기가 구축한다는 신념이 있었다.

둘째, 엄격한 규율 속에서 생활했다. 기회를 불러들이기 위하여 갖은 고난을 이겨내며 무엇이든 했다. 그리고 좋은 기회가 오면 그것을 활용하기 위해 몰두했다.

셋째, 성공의 일만을 생각했다. 성공하려면 먼저 '성공'을 생각하지 않으면 안 된다. 그들은 오로지 성공만을 생각했다.

행동은 사고思考에서부터 생겨난다. 무엇인가를 생각한 다음 행동에 옮기게 되는 것이다. 즉, 생각은 행동을 낳는다. 그렇다면 생각을 컨트롤함으로써 행동을 컨트롤할 수도 있을 것이다.

인간은 스스로의 생각을 지배할 수 있다. 무엇을 생각하는가는 자기가 결정한다. 적극적이고 능동적으로 성공을 이끌어가는 자신을 생각하는 것도 가능하다.

성공에 대해서만 생각하라.

그러면 당신의 전진 속도는 빨라질 것이다.

인생은 귀중한 것이다

_스탕달

요양원이나 양로원에서 살고 있는 사람들의 사망률은 결혼 기념일이나 공휴일 같은 특별한 날 전에는 비교적 낮다고 한다. 그들은 한 번 더 크리스마스, 기념일 등을 위해 살자고 계획한다. 그러나 그런 기념일이 지나고 나면, 즉 그들의 목표가 지나고 나면 삶의 의지가 약화되어 사망률이 급증한다.

가치 있는 목표가 있다면 인생은 살 만한 것이다. 인생에서 목표가 중요하다는 사실은 모두 잘 알고 있다. 그러나 대부분의 사람은 목표가 뚜렷하지 않고 방랑자나 배회자의 위치에서 인생을 살고 있다.

맥스웰 몰츠는 이렇게 말했다.

"인생은 자전거와 같다. 따라서 목표를 위해 전진하지 않으면 곧 넘어지게 된다."

그렇다. 목표가 없으면 그 인생은 좌절하고 표류할 수밖에 없다.

목표는 목적 또는 목적지이며, 곧 계획이다. 그것은 당신이 하기를 기대하는 것이다. 그것을 가져야만 당신이 바라는 소원을 성취할 수 있다. 그래야 당신의 인생이 값진 것이 될 수 있다.

당신은 막연한 활동가인가

 목표가 없는 사람은 키가 없는 배와 같다. 목표가 없는 자는 떠돌아다닐 뿐 전진할 수 없다. 그리고 절망과 일시적인 실패와 좌절을 면치 못할 것이다.

프랑스의 유명한 곤충학자 장 앙리 파브르는 묘한 습성을 가진 날벌레에 관해서 연구했다. 이 날벌레들은 우매하게도 그들 앞에 있는 것들만 따라다닌다. 앞서가는 날벌레가 돌면 주위에 있는 날벌레들은 7일 동안이나 밤낮으로 그 주위를 돈다. 그러다가 결국은 기아 상태로 죽는다. 가까운 곳에 풍부한 먹이가 있지만 그들은 먹지 못해서 죽는다. 왜냐하면 방향 없이 무턱대고 행동하기 때문이다.

인간도 마찬가지다. 목표 없이 수고하는 사람들은 결국 인생에서 얻는 것이 없다. 물론 그들 주위에는 그들이 원하는 것이 있지만, 나아갈 방향을 모르고 빙빙 돌기만 하기 때문에 얻지 못하는 것이다.

그러고는 그러한 자신들의 삶에 대해서 이렇게 생각한다.

'과거에도 늘 이런 식으로 살아왔는데…….'

당신은 어떤가? 목표 없이 생존 경쟁에 참여하고 있지는 않은가?

인생은 산보가 아니라 행진行進이라는 사실을 명심하고 행진의 대상이 될 뚜렷한 목표를 설정하라.

Part 5.
성공의 방법에 대하여

ONE MINUTE
SPECIAL LECTURE
for People who is Preparing for Wonderful Future

먼저 당신 자신을 개선하라

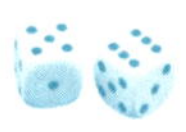 "우리가 이용할 수 있는 자원 중에서 끊임없는 성장과 발전을 기대할 수 있는 것은 인간이 갖고 있는 능력이다."

피터 드러커의 말이다. 우리가 갖고 있는 능력이 무한하다는 뜻이다.

능력을 최대한으로 개발하려면 어떻게 해야 할까?

장점을 개발하고, 결점을 개선하는 것이 최선의 방법이다. 그러나 그 능력을 개발하는 데는 몇 가지 주의할 점이 있다.

첫째, 몇 가지의 작은 개선이 합해져서 커다란 개선이 되도록 해야 한다. 처음부터 너무 큰 것을 목표로 하면 불가능할 뿐이다. 커다란 개선은 작은 개선이 있음으로써 비로소 가능해진다.

둘째, 처음부터 너무 많은 것을 한꺼번에 개선하려고 무리하지 않는다. 당장 시급한 분야부터 개선의 노력을 집중하는 것이 현명한 방법이다.

셋째, 당신의 개선에 도움이 될 만한 방법을 효과적으로 이용한다. 예를 들어서 자기 계발에 도움이 되는 책을 읽거나 강습회에 참석하거나 상사, 선배 등의 조언을 듣는 등이다.

겸손한 사람이 되라

"감사하다"는 말은 정말 가치 있는 말이다. 미국의 루스벨트 대통령이 그토록 많은 국민에게 존경받고 있는 이유는 그가 분망한 중에도 "감사하다"는 말을 잊지 않았기 때문이다. 그는 선거 유세 중 안전 여행을 위해 노력한 철도 기관사에게도 감사하다는 말을 남겼다는 일화가 있다.

그의 그런 정 때문에 그에게는 좋은 친구가 많다.

인생을 훌륭하게 살고자 한다면 겸손한 사람이 되어야 한다. 이를 위해 우선 감사를 나타낼 때의 간단한 공식 세 가지를 체화해야 한다.

제1단계는 하루의 활동 속에 뛰어들기 전에 '멈추는 것'이다.

제2단계는 남에게 성의 있게 대하고 친절할 수 있는 '기회를 찾는 것'이다.

제3단계는 남들의 소망과 그들의 문제에 '귀를 기울이는 것'이다.

오늘 이처럼 무엇인가를 하기 전에 멈춰서 생각하고, 남에게 봉사할 기회를 찾으며, 그들의 말에 귀를 기울인다면 어떨까? 분명히 당신의 미래는 밝다고 하겠다.

달려 나아가기만 할 것이 아니라 이따금 멈춰서 자신과 주위를 생각해 본다면, 인생을 더욱 가치 있게 보낼 수 있을 것이다.

성공의 10대 원칙

_알렉산데르 푸슈킨

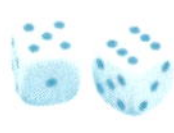 다음은 마샬 필드가 제시한 성공의 10대 원칙이다. 누구든 이 원칙을 받아들이고 실천한다면 성공할 수 있다.

① 시간을 낭비하지 않는다(시간).

② 포기하지 않는다(신념).

③ 열심히 일하며 나태하지 마라(근면).

④ 복잡하지 않게 한다(단순 원리).

⑤ 정직하라(인격).

⑥ 무관심하지 마라(친절).

⑦ 책임을 회피하지 않는다(의무감).

⑧ 낭비하지 않는다(경제 생활).

⑨ 조급하지 마라(인내의 미덕).

⑩ 연습을 쉬지 마라(기술).

이것은 어떤 분야에 종사하든 모두에게 해당되는 기본 원리다. 이 원리의 평범함과 단순함이 놀랍지 않은가! 사실 성공이란 복잡하거나 거창한 원리에 의해 이루어지는 것이 아니다. 당신의 행동은 사고에 지배를 당하며, 사고는 당신 마음속에 어떤 것을 계속 주입시키고, 어떤 것이 들어가도록 허락하는가에 지배를 받는다.

따라서 위의 원리들이 계속 당신의 마음을 지배할 때, 당신은 성공적
인 행동을 하게 될 것이다.

적극적 체념과 부정적 체념

_토머스 칼라일

 당신의 정신은 '마음'이라는 방송국이라고 할 수 있으며, 이 방송국에는 두 개의 채널이 있다. 적극적인 채널과 부정적인 채널이 그것이다.

이 두 개의 채널은 완전히 상반된 음성을 가지고 있다. 예를 들어서 당신의 상사가 당신에게 어떤 충고를 했다고 하자. 이때 적극적인 채널을 돌리면 그 충고는 건전한 것이 되고 그 충고를 받아들이면 발전할 것이라는 반응이 나온다. 그러나 부정적인 채널을 돌리면 당신의 마음이라는 방송은 이렇게 방송할 것이다.

'조심하라. 그 상사는 좋지 않은 사람이다. 당신을 골탕 먹이려고 한다. 그러니 그의 충고에 저항하라.'

같은 내용의 충고를 받더라도 당신의 마음이라는 방송은 채널의 성격에 따라 다르게 방송한다는 의미다.

여기서 주의해야 할 점은, 당신이 일단 어떤 한 채널을 선택한 이상 다른 채널로 돌리기란 어렵다는 사실이다. 왜냐하면 적극적이든 부정적이든 생각은 항상 유사한 것과의 연쇄반응을 불러일으키기 쉽기 때문이다.

당신의 생각을 적극적인 채널로 고정하라! 그러면 당신은 향상될 것이며, 그에 따라 환경도 얼마든지 바꿀 수 있다.

마이너스를 플러스로 바꾸라

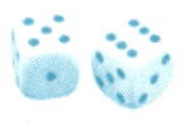 성공자 대부분이 핸디캡이 있었기 때문에 성공했다는 사실은 우리에게 시시하는 바가 크다. 그들은 그 장애를 노력과 성공으로 가는 자극제로 삼았던 것이다.

"인간의 가장 놀라운 특성은 마이너스를 플러스로 바꾸는 힘이다."

개인심리학을 수립한 정신의학자 알프레트 아들러의 말이다.

『실락원』을 쓴 밀턴은 장님이었기 때문에 훌륭한 시를 쓸 수 있었고, 베토벤은 귀머거리였기 때문에 뛰어난 작곡을 했는지도 모른다.

찰스 다윈은 약점이 뜻밖에도 도움이 되었다는 사실을 고백하며 "만일 내가 심한 병약자가 아니었다면 그처럼 많은 일을 성취할 수 없었을지도 모른다"고 말했다.

그러나 실로 많은 사람이 자신의 약점에 지고 만다. '내게 이런 약점이 있는데, 도대체 내가 무엇을 할 수 있단 말이냐?' 하고 체념해버린다. 세상을 원망하고 자기 연민에 빠지고 마는 것이다.

그러나 정말로 현명한 사람들은 이렇게 자문한다.

"이 불행으로부터 나는 어떠한 교훈을 얻을 수 있을 것인가? 어떻게 하면 이 상태를 개선할 수 있을 것인가?"

자신의 핸디캡이나 불행을 플러스로 바꿀 줄 아는 사람만이 진정 성공할 수 있다.

마음을 바꾸라

오늘날 문명이 발달하면서 주위 환경과 대기가 오염되고 있다. 우리는 하루빨리 각성하여 더 이상 환경이 더러워지고 지구가 잿빛 혹성으로 변해가는 것을 막아야 한다.

그러나 그보다 더 우리의 특별한 관심이 필요한 부분이 있다. 바로 당신의 두 귀 사이에 있는 마음이다. 그리고 그 마음이 들이키고 뿜어내는 공해다.

우리는 매일 TV와 라디오를 통해 직장이나 학교에서 더렵혀진 언어를 사용하는 언어 폭력과 성적 폭력 행위들을 수없이 접한다. 이러한 자극들이 당신의 사고와 태도, 그리고 행동을 해친다.

인간은 어떤 생각대로 행동하며, 자신이나 타인이 우리 마음속에 주입시키고 있는 것들에 대해서 생각하게 된다.

당신이 건전한 생각을 하고, 건전한 지식을 갖는다면, 그 인생은 틀림없이 밝을 것이다.

"인간은 누구나 자신의 정신 자세를 바꿈으로써 자신의 인생을 변화시킬 수 있다."

미국의 심리학자이며 철학자인 윌리엄 제임스의 말이다.

마음의 공해를 청소하라. 그러면 당신도 성공할 것이다.

모범적인 행동을 하라

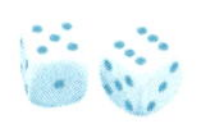

"모범은 가장 훌륭한 교사다."

벤저민 프랭클린의 말이다.

그는 필라델피아에 가로등이 필요하다는 것을 느꼈을 때, 어떤 이론을 내세우는 것보다 직접 모범을 보이는 것이 설득력 있겠다고 생각했다. 그래서 자기 집 대문 바깥쪽에 있는 긴 선반받이에 아름다운 호롱불을 걸어놓았다. 그리고 늘 그 등의 유리를 깨끗이 닦고 심지를 손질했다. 그러자 프랭클린의 이웃 사람들도 곧 자기 대문 밖에 호롱불을 달기 시작했다.

벤저민 프랭클린이 아무리 유창한 언변과 웅변으로 가로등의 필요성을 주장했다 할지라도 그가 직접 행동을 통해서 보인 것만큼 설득력은 없었을 것이다.

당신은 남에게 영향력을 행사하기 위해 어떤 방법을 취하고 있는가?

당신이 하라는 대로 할 때까지 그저 끈질기게 요구하는가?

그렇다면 당신은 성공을 거두지 못할 것이다. 혹 성공할지라도 그 이면에는 아픔과 상처가 남을 것이다.

행동은 말보다 큰 힘을 발휘한다.

대중 연설의 원리

_E.스탠리 존스

 "대중 앞에서 한 말씀 해주시죠?"

이런 요청을 받아본 적이 있는가? 그때 겁을 먹거나 두려워하지는 않았는가?

살다 보면 이처럼 연설을 해야 할 때가 있다. 동창 모임이나 회사 모임 등에서 말하기, 즉 대중 연설은 전혀 남의 일은 아니므로 기본 원리 정도는 알아두는 게 좋다. 훌륭한 연설을 하기 위해서 전문적인 연설가가 되라는 것이 아니다. 조금만 연습하면 유익하고 흥미로운 연설을 유창하게 해낼 수 있다.

우선 연설을 할 때는 긴장하거나 두려워하지 말아야 한다. 늙은 노새 한 마리가 대중 앞으로 끌려나왔다. 노새는 조금도 당황하지 않는다. 그러나 똑같은 대중 앞에 순종 당나귀를 데려다 놓으면 그놈은 놀라서 어쩔 줄을 모른다.

대중 앞에 섰을 때 약간이라도 신경과민 증세가 나타난다면 당신은 노새가 아닌 당나귀다. 그렇다면 상냥한 표정의 사람들을 바라보도록 노력하라. 그리고 평소 잘 쓰는 단어와 어휘를 사용하도록 하라. 연설은 자신의 생활이나 자신 있는 분야를 내용의 중심으로 삼아 진실하게 행하면 된다.

열심히 말하라. 그리고 당신의 연설에 확신을 갖고 최선을 다하라!

먼저 다른 이의 친구가 되라

_메난드로스

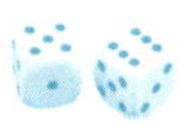 알렌 로이 맥기니스 박사는 미국인들이 오랫동안 친구관계를 유지하지 못한다고 밀하였다.

그는 저서 『사랑과 우정의 신비』에서 "대부분의 사람은 우정을 중요하게 여기지 않는다"고 말했다.

그러나 세상을 살아가면서 새로운 친구를 사귀지 않을 수는 없다.

그러면 어떻게 친구를 사귈 것인가?

첫째, 정직해야 한다. 당신 자신이 되기를 두려워해서는 안 된다. 남에게 자신을 폭넓게 개방해야 한다.

둘째, 용서를 배워야 한다. 친구가 잘못을 범했을 때 흔쾌히 용서해주어야 한다. 굳이 그 대가를 치르게 해서는 안 된다.

셋째, 사려 깊은 사람이 되어야 한다. 작지만 우정을 표시하는 중요한 계기가 될 수 있는 일들을 배워야 한다.

우리는 친구가 얼마나 중요한 존재인지 알고 있다고 생각한다. 그러나 가끔씩은 스스로에게 상기시켜야 한다. 우정은 인생의 한 단면으로, 노력이 따라야만 얻을 수 있는 것이라는 사실을……

생각하라!

친구가 비록 완전치 못할지라도 이해하라. 만약 그가 완전하다면 당신을 친구로 삼지 않을 것이다.

스트레스 해소법

순간순간을 잘 이용하라. 긴 시간은 자신을 스스로 잘 돌볼 수 있다.

_필립 체스터필드

우리는 매일의 활동 속에서 끊임없이 긴장하고 스트레스를 받는다. 전문가에 의하면, 스트레스와 긴장은 불면의 원인이 되며 노이로제나 신경과민 또는 고혈압을 일으킨다고 한다. 여기서 스트레스와 긴장을 해소시킬 수 있는 방법 두 가지를 알아보자.

첫째, 스트레스의 원인을 제거한다. 당신에게 닥친 문제가 직장 동료나 가족 중 누구와 관계 있다면 자존심을 버리고 용기를 내어 그 사람을 찾아가 그 문제에 대해서 대화를 나누어라. 그런 문제는 상호 갈등을 푸는 것이 최선의 방법이다.

실제 문제는 당신이 생각하는 것보다 훨씬 작을 수도 있으며, 전달 과정에서 일어난 단순한 오해일 수도 있다.

둘째, 긴장을 해소할 방안을 찾아낸다. 매일 2, 3분이라도 긴장에서 벗어나도록 한다. 조깅이나 수영은 물론 속보, 사이클 같은 운동은 긴장에서 벗어나게 해준다.

이러한 방법들을 이용하여 목표에 도전할 때 따르게 마련인 스트레스를 해소할 수 있다.

승진의 비결

_크리스찬 보비

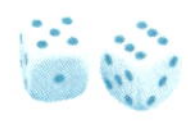 샐러리맨인 당신은 승진을 꿈꾼다. 그런데 그 승진에 도움이 될 무엇인가를 생각해본 적이 있는가?

고용주들은 많은 종업원 중에서 지도자가 될 어떤 특징적인 인물을 찾고 있다. 남을 부리는 위치에 오르거나 다른 사람을 지배하는 일이 그렇게 쉬운 일은 아니다. 승진의 기회를 마련하는 데 도움이 되는 요소는 다음과 같다.

첫째, 능력을 기르는 것이다. 능력은 계발할 수 있으며 또 계발해야 할 힘이다. 당신이 승진하기 위해서는 다른 사람들의 요구를 받아들이고, 그들의 노력을 극대화할 수 있는 능력을 길러야 한다.

둘째, 객관적인 태도를 갖는 것이다. 어떤 중대한 문제를 토의할 때 자신의 고집과 감정을 버리는 일도 배워야 한다.

셋째, 자기 훈련이 필요하다. 조직력과 집중력은 어느 단체에서나 요구된다. 성공적인 지도자가 되는 또 다른 요소는 당신보다 재주나 능력이 있는 사람에게 겸손할 줄 아는 힘이다. 지도자가 되기 위해서는 재능을 발견하고 발전시키는 능력을 기르는 일에 더 많은 노력을 기울여야 한다.

한 분야에서 일인자가 되라

_골드스미스

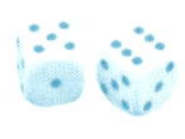 성공하는 분명한 방법은 어떤 분야에서 일인자가 되는 것이다.

오늘날 과학의 발달로 어느 직업에서든 한 사람이 알고 있는 작은 지식으로는 모든 것을 감당하기가 어렵게 되었다. 그러므로 어느 특정한 분야에서 전문인이 되어야만 성공할 수 있다.

먼저 회사에서 대단히 중요한 것들 중 자신의 관심을 불러일으킬 만한 요소를 찾아낸다. 그다음에는 그것에 대해 가능한 한 모든 정보를 수집한다. 관련 업계에 대한 정보가 담긴 잡지를 연구하고, 구입 가능한 모든 서적을 탐독한다. 그리고 그 분야의 전문가를 찾아가서 조언을 구한다. 그럼으로써 당신은 전문가가 될 수 있다. 그런 다음 사장을 찾아가 당신이 알고 있는 일을 말하고 그 정보를 제공한다.

어떤 분야에 대해 전문 지식을 익히고 회사에 그 정보를 제공하는 일은 실제로 자신을 더 능력 있는 인간으로 인식하게 만들어주고 또 일이 쉽게 풀리도록 해준다. 즉, 다른 사람들이 필요로 하는 것을 줄 때 당신이 바라는 것을 얻을 수 있는 것이다.

상상력의 위대한 힘

인간은 육체와 마음, 그리고 상상력의 구성체다.
육체에는 약점이 있고, 마음은 늘 믿을 만한 것이 못 되지만
상상력은 더 좋아하는 것들을 이 세상에서 실제로 행하게 해준다.

_존 베이스필드

구소련의 운동선수들은 몇 년 동안 올림픽 경기에서 많은 금메달을 획득하여 세상 사람늘을 놀라게 했다. 미국 코치들은 구소련 선수들이 맹훈련을 하고 있다는 것은 알고 있었으나 그들이 특수 프로그램에 따른 심리 훈련을 받고 있다는 것은 알지 못했다.

스탠퍼드대학교에서는 대학 테니스 팀의 선수들을 상대로 신경근육 활동에 대해 과학적으로 연구한 결과, 선수들이 의자에 앉아서 정신 활동만으로 팔 운동과 몸 운동을 할 수 있는 한 가지 방법을 연구해내었다.

실제로 많은 사람이 자신이 바라는 것을 마음속에 계획함으로써 이룰 수 있다는 사실이 밝혀졌다. 선수들에게만 이런 방법이 적용되는 것은 아니다. 누구든 일상생활에서 똑같은 효과를 얻을 수 있다.

당신은 승자가 된 양 스스로의 마음을 조종할 수 있다. 자신이 승리자가 되어 시상대에 서 있는 모습을 마음에 그려라. 그것이 승리자가 되는 최초의 단계다.

작은 것에서부터 성공하라

무슨 일을 하든지 처음에는 어려움을 겪게 마련이다. 그러나 결코 실망하지 마라. 특히 사업을 일으키려 할 때 어려움은 더욱 거세다. 실제로 성공한 기업 중에는 어려운 조건에서 시작한 경우가 많다.

성공을 이룬 대부분의 기업이 처음에는 많은 어려움이 있었으나 그것을 극복하고 성공한 것이다.

확장을 계속해가는 중소기업들에게는 소비성이 빠른 상품을 생산한다는 특징이 있다.

기업가들은 수요를 먼저 확인한 후에 생산을 한다. 계절의 흐름에 따라 수요자의 니즈Needs는 변한다. 때문에 당신이 독창적인 생각을 한다면 성공의 기회는 있다.

기업의 성공을 위해서 끝까지 인내하며, 힘들지라도 계속 발걸음을 옮겨라!

실패자들은 성공 직전에 포기한 사람들이며, 성공한 사람들은 죽기 직전에 목표에 도달한 사람들이다.

아이디어를 장기 계획에 적용하라

오늘 할 수 있는 일, 해야 할 일을 하는 것이 오늘의 과제다.
그것은 앞날을 기약하는 씨앗이다.

_귀스타브 플로베르

성공이나 실패는 모든 사람에게 하나의 습관이 될 수 있다. 사람들 가운데는 실패를 두려워한 나머지 성공하지 못하는 경우도 많다. 실패를 두려워하여 도전조차 해보지 않기 때문이다. 확실히 실패에 대한 공포증은 심각한 문제다.

실패에 대한 두려움을 이겨내는 방법을 몇 가지 적어본다.

첫째, 스스로 나서서 시도해야 할 때, 이를 악물고 끝까지 해낸다. 이것은 두려움을 극복하는 기본 단계다.

둘째, 모든 조건이 완전하게 갖추어질 때까지 기다리지 말고 한 발 앞으로 나아가 시작한다. 예를 들어 지금 연설을 부탁받고 그것 때문에 두려워하고 있다고 가정하자. 떨리지만 연단에 올라 연설을 하면 문제는 저절로 해결된다.

만약 당신이 인생에서 중요한 업적을 이루고자 할 때, 준비를 갖추고 외부 조건이 완벽해지기를 기다린다면 당신은 스스로 할 수 있는 일을 그 반밖에 하지 못하는 셈이다.

작은 성공에서부터 시작함으로써 실패에 대한 공포심을 극복하라! 첫 걸음부터 시작해 나아가라.

정직하고 진실한 관심을

_아돌프 필리판츠

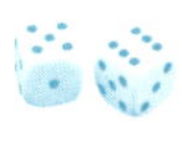 "만약 상대방이 당신의 주장에 동의해주기를 바란다면, 먼저 당신이 그 사람의 친구임을 확신시켜야 한다."

에이브러햄 링컨의 말이다. 그는 역사상 가장 설득력 있는 인물로 평가받고 있다. 그의 많은 재능 가운데 하나는 사람을 설득시키는 힘이었다. 그것은 다른 사람으로 하여금 자신의 견해를 따르도록 하는 능력이다. 이 설득력은 어떤 직업에 종사하든 중요한 힘이 된다.

우리 모두 설득력을 가져야 한다. 그러나 더욱 중요한 것은 그 설득력의 활용이다. 그것은 당신이 친구들에게 무엇을 부탁하는 단순한 것일 수도 있고 물건을 팔기 위해 상품 설명을 잘하는 것이 될 수도 있다.

그러면 어떻게 설득하는 것이 효과적일까?

"만약 상대방이 당신의 주장에 동의해주기를 바란다면, 먼저 당신이 그 사람의 친구임을 확신시켜야 한다."

그야말로 남을 설득하는 가장 효과적인 방법이 암시되어 있는 말이 아닐 수 없다.

다른 사람에 대해 정직하고도 진실한 관심을 가지는 것은 가장 강력한 설득의 방법이다.

시간을 지혜롭게 사용하라

_로맹 롤랑

 우리는 누구나 똑같은 양의 한 가지 자산을 가지고 있다. 그 것은 곧 시간이다.

당신이 우울할 때, 그 우울을 벗어나는 방법은 무엇인가를 소비하는 것이다. 여기서 무엇이란 '시간'을 말한다.

당신은 여러 가지 방법으로 시간을 보낼 수 있다. 그런데 그 시간을 특별히 소외된 사람들과 함께 보내면 어떨까? 그러면 그 시간은 당신에게 뜻깊은 경험이 될 것이다.

우리는 모두 하루 1,440분이라는 같은 길이의 귀중한 시간을 갖고 있다. 그것을 지혜롭게 사용할 수도 있고, 헛되이 낭비할 수도 있다. 그러나 그것을 쌓아놓거나 저축할 수는 없다. 무엇을 하든지 시간은 그때그때 사용해야 하는 것이다.

우선 인생의 승리자가 되기 위해서는 시간의 요리사가 되어야 한다. 또한 경각심을 가지고 '시간'이라는 자산을 지켜야 한다.

시간을 지혜롭게 사용하라! 그러면 당신의 생은 충분한 보상을 받게 될 것이며, 멋지게 펼쳐질 것이다. 인생은 시간의 조직이며, 시간은 생명의 길이다.

오늘 하루에 최선을 다하라

_요한 볼프강 폰 괴테

누구든지 자기 분야에서 일인자가 될 수 있다.

모든 사람이 키가 크고, 건강하고, 튼튼하며, 힘이 센, 멋진 사람이 될 수는 없겠지만 당신에게도 무언가 최고가 될 만한 자질이 있을 것이다.

그것을 찾는 비결은 다음과 같다.

매일 아침, 거울을 보고 다음과 같이 말함으로써 하루를 시작한다.

"나는 오늘 내가 하는 일에 최선을 다하겠다."

그리고 반드시 그대로 실행하라! 또 하루가 끝난 후에는 자신을 진지하게 돌아보면서 "오늘 나는 최선을 다했구나!" 하고 말할 수 있도록 하라.

그렇다면 당신이 원하는 분야에서 성공과 행복을 얻는 일인자가 될 수 있다.

자신의 능력을 최대로 사용할 때 그 능력은 최고도로 발전될 것이다.

하루의 출발은 하루의 결과를 가져온다.

외모도 매우 중요하다

당신이 나타내는 것 중에서 표정이 가장 중요하다.

_재닛 레인

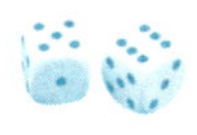 대부분의 사람은 어떤 문제의 지극히 작은 부분에 집착해서 진제를 보지 못하기나 그릇된 판단을 해버린다. '나무를 보고 숲은 보지 못한다'는 말을 기억할 것이다.

당신의 외모에 신경을 써라.

오늘날 많은 이가 외모로 사람을 판단한다.

'좋은 첫인상을 남길 기회란 결코 두 번 다시 오지 않는다.'

우리 모두 한번쯤은 생각해보아야 할 격언이다. 성공을 향해 가는 길에 외모의 원리는 단순하면서도 매우 설득력 있게 들린다.

좀 더 나은 직장, 좀 더 성공적인 인생을 살고 싶은가?

'멋있게 보여라! 멋있게 느끼도록 하라! 멋있는 사람이 되라!'

어느 면도날 광고다. 만약 이 충고를 진지하게 받아들인다면 성공한 당신의 모습을 보게 될 것이다.

연설할 때는 이렇게

_랠프 왈도 에머슨

나는 연설을 많이 한다. 그리고 그때마다 청중의 이해를 돕기 위해 예화를 자주 드는데 초등학생들도 알아들을 만한 용어를 사용한다. 그렇게 하는 것이 의미 파악에 더 효과적이기 때문이다. 또 연설을 할 때면 항상 웃음을 잃지 않으려고 노력한다.

에모리대학교의 스티브 프랭클린 박사는 효과적인 연설에 대해서 다음과 같이 말했다.

"연설이 복잡해야 효과적이라는 생각은 금물이다. 4음절 정도의 말도 길다. 미켈란젤로는 단지 세 가지 색으로 불후의 명작을 남겼다. 쇼팽, 베토벤, 비발디도 단지 7음절로 훌륭한 곡을 남겼다."

그렇다. 청중은 짧은 유머에 큰 반응을 보인다. 복잡하지 않고도 충분히 아름답고 효과적이기 때문이다.

당신의 삶과 언어와 사고를 좀 더 심오하게 만들라. 그러나 그 표현은 간략하고도 명확하게 하라! 이해하기 힘든 표현은 단지 청중의 비웃음을 살 뿐이다.

간단명료하면서도 사랑이 넘치는 태도로 이야기하면 사람들에게 감동을 주고 영향력을 미칠 수 있다.

자기 확신을 가져라

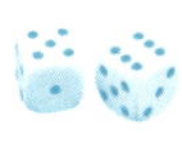 성공하려는 사람에게 자기 확신은 매우 중요한 요소다. 자기 확신은 이렇게 가질 수 있을까?

많은 사람이 자신의 능력에 대해서 회의를 품고 있다. 반면 자기 확신이 넘치는 사람도 있다. 자기 확신이 강하면 성공의 가능성도 그만큼 크다는 함수관계가 성립한다. 그리고 이 성공은 다시 커다란 자기 확신을 일으킨다.

만약 자기 인생에 더 큰 확신을 갖고 싶다면 이미 당신이 이룬 작은 성공들을 다시 살펴보라. 그리고 그러한 승리가 당신에게 가져다주었던 감격을 다시 생생하게 기억해내라.

실패와 패배의 기억은 모두 잊어야 한다. 실패를 통해서 무엇인가를 깨달았다면 그것으로 족하다. 이제 그 실패에 대한 기억은 깨끗이 잊어라. 그리고 당신의 인생에서 지금까지 이루어놓은 성공만을 생각하고 심사숙고하며 발전을 위해 노력하라. 작은 성공들이 발전하여 더욱 위대한 성공을 이루고 확신감도 점차 커질 것이다.

앞날의 성공을 바라고 기대하면서 지난날의 승리의 경험들을 다시 떠올려야 한다. 씨를 뿌린 대로 거둔다.

감사의 목록을 작성하라

심리학자 허브 트루는 다음과 같이 행복론을 말한다.

"현재 관계를 맺고 있는 모든 친구와 친척을 몽땅 잃고 또 가지고 있는 모든 소유물을 상실했다고 상상해보자. 그런 생각을 몇 분 동안 계속하라. 그리고 나서 이제는 잃었던 그 모든 것들을 다시 찾았다고 상상해보라. 당신이 조금 전에 상상했던 그 현실보다 지금이 훨씬 더 나은 상태임을 깨닫게 될 것이다. 당신 주위를 한번 살펴보라. 당신이 이 지상에 있는 수많은 사람의 마음을 동요시킬지도 모를 엄청난 부에 둘러싸여 있다고 느끼게 될 것이다."

당신의 모든 여건을 자세히 관찰해보라.

감사해야 할 일들이 많을 것이다.

당신을 행복하게 해주는 많은 것들이 있을 것이다.

감사함으로써 행복을 느낄 수 있다.

상대의 말에 귀를 기울여라

_올리버 웬델 홈스

 흔히 대화를 할 때 남의 말에 귀 기울일 줄 모르는 사람이라는 말을 듣지는 않는가? 혹시 듣는 것이 말하는 것보다 중요하다는 사실을 아는가?

대부분의 사람은 더욱 뛰어난 화술을 배우고자 노력한다. 대화의 방법이 매우 중요하다는 것은 알면서도 청취하는 능력이 그만큼 중요하다는 것은 잊고 있는 것이다. 그래서 다른 사람이 이야기할 때 그의 말을 온전히 주의 깊게 들으려 하지 않고 자신이 다음에 해야 할 말만을 열심히 생각한다.

당신은 대화할 때, 또 비즈니스상의 거래를 할 때, 협상을 할 때, 모든 편애와 편견을 버려야 한다.

그 대화의 목적을 확실히 이해하고 상대방의 말에 열심히 귀 기울여야 한다.

상대방에게 오늘 어떤 일이 일어났으며, 무슨 마음으로 저런 말을 하는가 하고 정신을 집중하는 등 상대의 말에 관심을 쏟아야 한다.

좋은 태도와 좋은 인상

현명한 사람이라면
세상에서 성실이 가장 강한 힘이라는 것을 인식하고
그렇게 행한다.

_프랭크 크레인

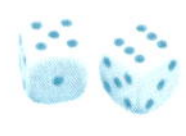 데일 카네기의 저서 『인간관계론』은 베스트셀러다.
이 책은 카네기 강좌의 기본서다.
그 강좌에서 얻을 수 있는 것들 중 하나로 우리에게 매우 중요한 '인격 개발의 문제'가 있는데 오늘날 우리는 의외로 이 문제를 소홀히 넘기고 있다.

당신이 만나는 사람들을 주의 깊게 관찰해보라. 성공한 사람들 거의가 품위 있고 예의 바르다는 것을 알게 될 것이다.

오늘날 우리가 배워야 할 것이 바로 이것, 인간으로서 갖춰야 할 기본적인 예의다.

"미안합니다", "고맙습니다", "예, 선생님" 등과 같은 정중한 말씨를 사용하기를 많은 사람이 주저한다. 그런데 성공한 이들은 거의 그런 예의바른 말을 사용하고 있다. 그런 말을 함으로써 당신의 가치는 더욱 높아질 것이다.

『성공하는 남자의 옷차림』의 저자 존 T.몰로이에 의하면, 승진의 문턱 바로 앞에서 탈락하는 사람들의 30퍼센트 정도가 사실 의복에 대한 예절 감각이 모자란 데 그 이유가 있다고 한다.

당신은 어떤 말을 사용하는가? 또한 당신의 옷차림은 어떠한가?

기꺼이 나아가라

_파스칼

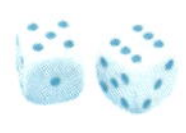 우리는 움직이고 있다. 앞으로든 뒤로든, 어떠한 방향으로든 움직이고 있다.

당신은 부정적인 사고방식을 제거해야 한다. 스스로를 긍정적으로 재계획해야 한다. 인간의 심적 불안과 무능을 초월해야 한다.

당신의 살아 있는 신념은 긍정적인 정서를 자극한다. 그러나 의심은 언제나 부정적인 정서를 제공한다. 의심은 회의주의이고 그 회의주의는 당신의 정신을 쇠잔하게 만든다. 불신은 활기를 잃게 한다.

부정적인 사고는 우리를 지루한 사람으로, 두려움 때문에 두려워하고 근심 때문에 근심하는 사람으로 만든다.

긍정적인 사고방식을 가지면 신념의 길을 걸어갈 수가 있다. 당신의 신념이 당신의 희망을 자극하고 긍정적인 생각은 모든 가능성을 자극한다.

당신이 실행하고, 당신이 맡은 일에 몰두하고, 계획을 추진하고, 관습의 테두리에서 벗어날 때 당신은 앞으로 전진할 수 있다.

이제 당신의 인생에서 모험이 시작되었다. 카운트다운이 시작되었다. 발사는 불가피하다. 당신은 지금 역동적인 동작 속으로 휘말려 들어간다.

전문 지식이 뒷받침된 능력을 길러라

_미상

분업화가 전 산업 분야에서 급속하게 추진되면서부터 전문 지식이 무엇보다도 중요시되고 있다. 따라서 전문지식이 그 사람의 능력이요 실력이 되는 경우가 많다. 성공하기 위해서는 모든 생각이 전문적인 지식을 바탕으로 이루어져야 하는 시대에 우리는 살고 있는 것이다.

불행하게도 성공하지 못한 사람들은 전문적인 지식을 등한시하는 경향이 있다.

회사가 찾는 사람은 전문가다. 예를 들면, 회계, 통계, 모든 종류의 엔지니어, 저널리스트, 건축, 화학 등을 연구한 사람들 말이다. 또 그룹 활동의 리더였으며 활동적이었던 사람 역시 어느 회사에서나 욕심을 내는 사람들이다.

학교 생활 중에 적극적으로 활동한 사람은 어떤 사람과도 협조하여 일해나갈 수 있으며, 자신의 적성을 자기에게 가장 적합한 일과 결부시켜 나아가는 사람들은 자기에게 주어진 일도 잘해낸다.

이제 우리들은 전문지식을 갖추도록 노력해야 한다.

당신은 남에게 영향력을 행사하기 위해 어떤 방법을 취하고 있는가?
당신이 하라는 대로 할 때까지 그저 끈질기게 요구하는가?
그렇다면 당신은 성공을 거두지 못할 것이다.
혹 성공할지라도 그 이면에는 아픔과 상처가 남을 것이다.
행동은 말보다 큰 힘을 발휘한다.

Part 6.
성공을 향한 강한 욕망에 대하여

ONE MINUTE
SPECIAL LECTURE
for People who is Preparing for Wonderful Future

배수진을 쳐라

_미하일 레르몬트프

 옛날 어느 위대한 장군이 전쟁터에서 양단간에 결단을 내리지 않으면 안 되었다.

적은 자기편의 병력보다 훨씬 많았다.

장군은 군대와 장비를 내려놓은 후 그들이 타고 온 배를 그 자리에서 불태워버리도록 명령하였다. 그러고는 공격 대열로 포진하고 있는 부하들에게 자신의 결의를 말하였다.

"제군들! 지금 제군들이 타고 온 배는 불에 타고 있다. 이제 우리가 적과 싸워서 이기지 못하는 한 고국으로 돌아갈 길은 없다. 우리에게는 선택권이 없다. 승리냐 죽음이냐의 어느 하나뿐이다."

그 결과는 대승리였다.

당신이 어떤 일을 행하든지 꼭 성공하고자 한다면 먼저 후퇴의 길을 끊어버려야 한다. 즉, 배수진을 치라는 말이다.

그 길만이 성공에 필요한 불타는 요강要綱을 마음속에 간직할 수 있기 때문이다.

욕망을 신념으로 만들어라

_C.톰프손

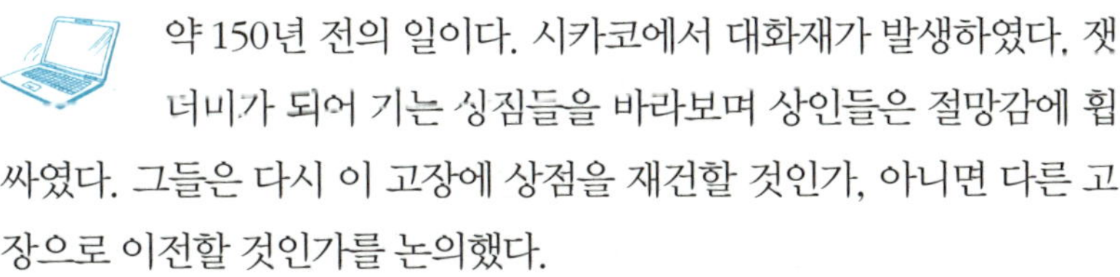

약 150년 전의 일이다. 시카코에서 대화재가 발생하였다. 잿더미가 되어 가는 상점들을 바라보며 상인들은 절망감에 휩싸였다. 그들은 다시 이 고장에 상점을 재건할 것인가, 아니면 다른 고장으로 이전할 것인가를 논의했다.

그런데 오직 한 사람만이 시카고를 떠나는 것을 반대했다. 그는 타다가 남은 자신의 점포를 가리키며 이렇게 말했다.

"나는 다시 화재를 당하더라도 바로 이 자리에 세계 제일의 대점포를 세우고야 말겠소."

그 후 점포는 재건되었고, 이제 그 자리에 세계 제일의 상점이 하늘 높이 우뚝 서 있다. 그때 그곳에 남기를 결심한 그 사람은 바로 마샬 필드였다. 그는 유명한 백화점 경영자가 된 것이다.

여기서 마샬 필드와 다른 상인과의 차이점을 알 필요가 있다. 그것은 곧 성공자와 실패자의 차이점이다.

성공하고 싶다는 마음, 그것만으로는 성공할 수 없다. 성공하겠다는 욕망이 신념화되어야 하고, 그것을 획득할 수단을 찾아내 집요하리만큼 그 계획에 집착해야 한다. 그리고 '집착으로 인한 실패란 있을 수 없다'는 굳은 결의를 가지고 전진해야 한다.

욕망을 달성하는 여섯 가지 단계

_장 드 라 브뤼에르

욕망을 달성하려면 다음 여섯 가지 단계를 거쳐야 한다.

첫 번째 단계, 자신이 원하는 것을 뚜렷하게 작성해두어야 한다. 단지 막연한 목표만으로는 불가능하다.

두 번째 단계, 원하는 것을 얻기 위해서는 무슨 일을 할 것인가를 확실하게 결정해야 한다.

세 번째 단계, 바라는 것을 언제까지 손에 넣을 것인지 그 기일을 정해두어야 한다.

네 번째 단계, 욕망을 실현시킬 명확한 계획을 세워 즉시 실행에 옮겨야 한다. 준비가 되었든 안 되었든 계획에 따라 실행에 옮기는 것이 중요하다.

다섯 번째 단계, 지금까지의 4단계를 자세히 기록해두어야 한다.

여섯 번째 단계, 자신의 계획서를 하루에 적어도 두 번은 소리 내어 낭독한다. 밤에 일을 다 마치고 자기 전, 그리고 아침 기상과 동시에 자신의 계획서를 소리 내어 읽는다. 소리 높여 읽어가노라면 원하던 것을 차츰 실제로 갖게 되는 기분이 들고 자신감이 생길 것이다.

참된 욕망은 위대한 열매를 맺는다

_캐넌 리튼

 세계는 항상 변하고 있다. 성공을 원한다면 그 점을 알아야 한다.

발전과 변화를 계속하는 이 세계는 항상 새로운 아이디어를 요구하고 있다. 새로운 생산 수단을 바라며 나아가서는 새로운 지도자, 새로운 발명, 참신한 교육, 새로운 서적 등 지금까지 없었던 신소재와 지식을 찾고 있다.

새로운, 그리고 더 좋은 것에의 요구를 뒷받침할 수 있어야 비로소 승리할 소질이 마련되며, 사람들이 무엇을 기다리는가를 알아야 명확한 목표를 세울 수 있다.

그 명확한 목표가 있음으로써 '불타는 욕망'도 이룩되는 것이다.

변화하는 세상에서 커다란 성공을 쟁취하려면 위대한 개척자 정신을 가져야 한다. 만일 하고자 하는 일이 정당한 것이고 또 그것을 절대적으로 믿는다면 돌진해야 한다.

당신의 꿈을 종횡무진 펼쳐보라. '혹시나 실패하면 어떡하지?' 하는 생각 따위는 절대 금물이다. 이러한 생각은 실패가 곧 성공의 씨앗인 줄을 모르는 사람들의 것일 뿐이다.

욕망은 불가능을 극복한다

 수년 전 지인이 병이 났다. 그의 병은 나날이 악화되었고 마침내 수술을 받아야 했다.

의사는 친지들에게 그를 다시 볼 기회가 없을 것이라고 말하였다. 그러나 그것은 의사의 생각일 뿐 결코 환자 자신의 의견은 아니었다. 그는 수술실에 들어가기 전 이렇게 말했다.

"걱정 마시오. 나는 수일 내로 퇴원할 거요."

환자는 자신의 말대로 회복되었다. 그의 담당 의사는 이렇게 말했다.

"그는 오로지 삶에 대한 욕망 덕분에 살 수 있었다. 그가 죽음의 가능성을 인정했더라면, 그는 결코 살아날 수 없었을 것이다."

욕망과 신념의 힘은 실로 위대하다. 죽음 직전에 도달했어도 오로지 살겠다는 욕망 하나만으로 승리할 수 있었던 것이다.

욕망의 승리를 향해 전력으로 질주할 때, 후퇴를 위한 그 어떤 길도 필요가 없다. 승리는 확실한 것이므로……

당신에게 성공하고야 말겠다는 욕망이 있으면 반드시 성공할 것이다. 욕망은 일시적 패배를 물리치고 새로운 승리를 이룩한다.

꿈은 욕망을 낳는다

욕망은 태양과 같다.
그것은 이 땅 위의 모든 문제를 자기 안으로 흡수해버린다.

_귀스타브 플로베르

 불타는 욕망은 공상가가 꿈을 버리는 것으로부터 시작된다. 꿈이란 무관심히고 게으른 사람 노는 야망이 없는 사람에게 생기는 것이 아니다.

성공한 모든 사람은 불행한 출발을 했고, 수많은 고통을 겪었다. 그러나 그들은 최악의 사태에서 인생의 전환점을 잡았다.

존 버니언은 영국 소설 중에서 가장 문체가 세련된 『천로 역정』을 감옥에서 썼으며, 찰스 디킨스는 우울한 과거 덕분에 위대한 작가가 되었다. 또 오 헨리는 은행에서 공금횡령 혐의로 고소당했다. 감옥 생활을 하는 3년 동안 얻은 풍부한 소재는 위대한 작가로 성장하는 계기가 되었다. 헬렌 켈러는 태어난 지 얼마 되지 않아 눈과 귀가 멀고 벙어리가 되었다. 이 같은 큰 불행에도 불구하고 그녀는 위대한 역사의 한 페이지에 자신의 이름을 장식했다. 그녀의 삶은 어떤 고난이 닥치더라도 절망해선 안 된다는 산 증거가 된 것이다.

일에 대한 희망과 그것을 내 것으로 받아들이는 데에는 차이가 있다. 그것을 얻을 수 있으리라는 믿음이 생기기 전까지는 아무도 일하지 않는다. 그것은 오로지 희망이나 소망이 아닌 신념인 것이다.

인생에서 불행과 가난을 극복하고 번영과 부를 얻을 수 있는 길은 노력밖에 없다는 사실을 명심하라.

가능성을 과시하라

_웨날크

신념이 있다면 무엇이든지 못할 것이 없다. 성공은 스스로 만들어내지 않는 한 저절로 찾아오지 않는다. 신념을 가지고 행동에 옮길 때 밝은 미래가 기다릴 것이다.

신념의 첫 번째 행위는 '충동'이다. 자신을 들여다보노라면 어떤 소리를 들을 수 있다. 이 내부의 충동은 당신이 지금까지 느끼지 못했던 당신의 가능성을 깨닫게 한다.

신념의 두 번째 행위는 '격동'이다. 처음에는 미미한 생각, 즉 '내가 할 수 있을까?' 하는 생각이 좀 더 큰 자신감으로 바뀌게 된다. '난 그것을 원한다'는 열정으로 변하는 것이다.

신념의 세 번째 행위는 '추방'이다. 부정적인 사고들이 당신의 모든 희망을 파괴해버린다. 이런 부정적인 생각을 추방해야 한다. 모든 파괴적 생각은 추방되어야 한다. 모든 파괴적 사고들이 마음속에 자리 잡기 전에 그것들을 버려야 한다.

신념의 네 번째 행위는 '과시'다. 이제 그 모든 부정적인 것으로부터 벗어났다. 이제 꿈을 실현시키는 길, 꿈을 과시하는 것만이 남았다.

세기世紀의 지혜

 오래전에 어느 현명한 왕이 현자賢者들을 한자리에 모아놓고 후세에 남겨줄 세기의 지혜를 다 묶어 책으로 만들라고 했다.

현자들은 오랜 세월에 걸쳐 연구를 계속했다. 결국 그들은 12권의 책을 만들어서 왕에게 바쳤다. 왕이 말했다.

"이것은 분명히 세기의 지혜가 담긴 책이지만 분량이 너무 많아 사람들이 읽지 않을까 염려되니 간략하게 줄이도록 하시오."

현자들은 다시 연구를 거듭한 끝에 그것을 줄여서 한 권의 책으로 만들었다. 그러나 왕은 그 책을 다시 줄이라고 했다. 현자들은 한 권의 책을 하나의 장章으로, 그리고 그것을 다시 하나의 문장으로 바꾸었다. 왕은 그 문장을 보고 매우 기뻐했다.

왕이 말했다.

"이것이 바로 세기의 지혜요. 모든 사람이 이것을 배우면 그들의 거의 모든 문제가 해결될 것이오."

후세에 물려주기 위해 만든 세기의 지혜는 바로 '공짜는 없다'였다.

마음의 문을 열고 고정관념을 버려라

그대가 어떤 지위와 계급에 있든 노동을 사랑하라.
일을 인간에게 부과된 운명이라고 생각하라.

_톨스토이

일의 중요성을 알려면 개방적인 마음을 가져야 한다.

인간의 마음은 흔히 콘크리트처럼 굳어 있다. 고정관념을 가지고 있는 것이다. 그런데 고정관념을 가진 사람들치고 훌륭한 업적을 남겼거나 대성大成한 사람이 없다. 이들은 배척받기 때문이다.

인간의 마음은 마치 낙하산과 같아서 완전히 개방될 때에야 그 기능을 최대로 발휘할 수 있다. 마음을 열지 않고 틀에 박힌 생각을 하고 있으면, 아무리 좋은 충고라도 받아들여지지 않게 되고, 한쪽 귀로 듣고 한쪽 귀로 흘리게 된다.

또한 세상에서 가장 실용적이고 아름다운 철학이라도 당신이 받아들이지 않는다면 절대로 적용할 수 없다. 세상에 아무리 지식이 풍부하다고 해도 그것을 이용하지 않으면 아무런 소용이 없는 것이다. 따라서 마음의 문을 열어 그것을 당신 것으로 하지 않는 한 그림의 떡인 것이다.

불행히도 많은 사람이 직장을 구하면 바로 일의 중요성을 잊어버린다. 그리고 해고된 뒤에야 일의 중요성을 깨닫는다.

인간은 마땅히 할 일을 하면서 살도록 창조되었다는 사실을 빨리 깨달아야 할 것이다.

모든 문제는 일로써 해결된다

 성공은 바로 일의 대가다. 일의 부산물이 성공이며, 돈인 것이다.

그러므로 남보다 열심히 일하면 남보다 더 크게 성공할 것임을 믿어야 한다.

장애물은 문제가 안 된다. 꾸준히 일하면 반드시 성공할 수 있다.

미국 굴지의 고무 제품 생산 회사의 회장은 "일은 재미있게 처리해야 한다"고 말했다.

윌 로저스는 이렇게 말했다.

"성공하려면 자신이 지금 무슨 일을 하고 있는지 알아야 한다. 그리고 자신이 하는 일을 좋아해야 하며 그 일을 믿어야 한다."

모리스 행크 그린버그가 18만 명을 상대로 조사한 결과 그중 80퍼센트가 자신의 일에 흥미를 느끼지 못하고 있었다.

자신이 하고 있는 일을 좋아하지 않는다는 점이 그들의 비극이다.

자신의 일에 흥미를 느끼지 않는데 의욕이 생길 리 없다. 자신이 하는 일에 흥미를 가져야 한다. 그리고 자신에게 어떤 문제가 있든 또 어느 정도이든 열심히 일하고 노력하면 문제는 저절로 해결된다.

비범한 사람이 되고 싶은가

_카를 힐티

 욕망은 보통 사람을 성공하게 만드는 필수조건이다. 즉, 미지근한 물을 수증기가 나오는 따끈따끈한 물로 변화시키는 주요인이 욕망인 것이다.

욕망은 성공과 실패를 좌우한다. 다시 말하면 실패자와 성공자의 차이점이 곧 이 욕망인 것이다. 그 욕망으로 인해서 미지근한 물이 뜨거운 물로 변한다. 욕망 때문에 증기선이 존재하는 것이다.

욕망은 성공을 향한 계단이다. 야구선수 피터 그레이는 위대한 야구선구가 되어 양키스타디움에서 경기를 하고 싶다는 욕망을 갖고 있었다. 그는 직업 야구단에서 활약했지만 한 번도 홈런을 날린 적이 없다.

그러나 그는 위대한 선수다. 그는 오른팔이 없었지만 그런 핸디캡에도 불구하고 야구계의 유명인사가 되었다. 그의 욕망 덕분이었다. 그는 자신의 약점과 부족함을 보지 않았다. 대신 자신의 장점과 주어진 여건을 알았다.

욕망을 가지면 자신의 실력을 최대로 발휘할 수 있으며 전속력으로 목표를 향해 전진할 수 있다.

욕망이 당신의 수입을 좌우한다. 치열한 인생 경쟁에서 승리자가 되려면 승리의 욕망을 가져야 한다.

승리의 욕망을 가져라

_미상

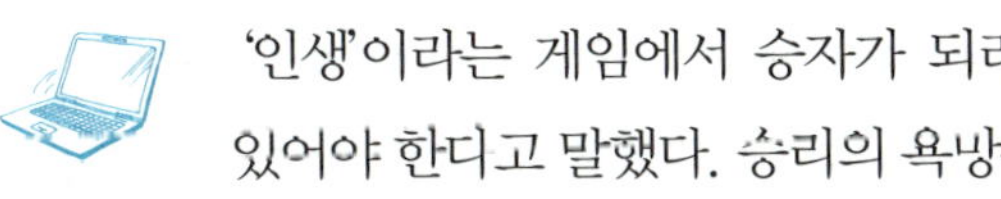'인생'이라는 게임에서 승자가 되려면 승리에 대한 욕망이 있어야 한다고 말했다. 승리의 욕망은 당신을 승자로 만드는 데 절대적으로 필요한 요소이며 어떤 장애물도 두렵지 않게 한다.

빌리 미스크는 학창 시절부터 권투선수 생활을 했다. 세계 헤비급 챔피언이 되는 것이 그의 꿈이었다. 그런데 당시 헤비급 챔피언이었던 뎀프시와 대전 날짜를 받아놓고 갑자기 병원에 입원하게 되었다.

담당 의사는 그에게 권투를 포기하라고 말했다. 신장병으로 목숨이 위태한 지경이었던 것이다.

그러나 그는 권투밖에 아는 것이 없었다. 다른 직업도 가질 수 없었다. 크리스마스가 얼마 남지 않은 어느 날, 그는 매니저를 찾아가 딱 한 번만 시합을 성사시켜 달라고 졸랐다. 가족들이 크리스마스를 즐겁게 보내도록 하기 위해서였다.

결국 미스크는 빌 브레넌과 권투 시합을 가졌다.

브레넌은 강한 선수였다. 훈련할 기운조차 없었던 미스크는 시합 날 수많은 관중 앞에서 혈전을 벌였다. 그러나 4라운드가 한계였다. 그래도 그 시합 덕분에 2,400달러를 손에 쥘 수 있었다. 그는 그 수입금으로 가족들에게 즐거운 크리스마스를 선사했다.

승리자의 기질

_어니스트 헤밍웨이

 욕망이 성공의 한 계단이라는 사실을 아는가? 만일 우리가 어떤 일을 완성하기 위해서 진정 총력을 기울였다면 결과가 어떠하든 진정한 승리자라고 말할 수 있다.

어떤 목표를 향해 전력투구한다는 것, 그것이 바로 승리자에게 필요한 기질이다.

이와 반대로 패배자는 전력투구하지 않는다. 일을 하는지 놀고 있는지 알 수 없을 정도다.

그것은 마음속에 욕망이 없기 때문이며, 욕망이 그의 열정에 불을 붙이지 않기 때문이다.

어떤 일이든 시작하면 끝내야 한다. 그것이 승리자의 자세다. 어떤 일을 끝까지 해내면 성취감이 생기는 법이다. 그 성취감에서 더욱 큰 욕망이 생긴다.

경쟁의 상대는 남이 아니라 자기 자신임을 명심하라. 진정한 노력을 기울이는 것, 이것이 승리자의 기질이다.

욕망과 용기

_엔게르 팔트

 욕망은 슈퍼맨을 창조하고, 슈퍼맨은 불가능을 겁내지 않는다.

때로 어느 분야의 신참에게서 초인적인 소질을 발견할 때가 있다. 그들은 두려움 없이 덤벼들어 불가능을 가능으로 전환시킨다. 예컨대, 흔히 신참 세일즈맨의 판매 경험이나 상식도 없으면서 열심히 노력하여 판매 실적을 많이 올리는 경우가 그것이다. 그는 불가능을 모르기 때문에 겁 없이 노력한다. 여기서의 세일즈맨은 단순한 신참 세일즈맨이 아니다. 슈퍼 세일즈맨이다. 사실, 우리가 흔히 말하는 '불가능'이란 잘못된 사고방식에서 나온다.

예를 들면 땅벌은 날 수 없다고 한다. 과학적으로는 그렇다. 그 몸은 너무 무겁고 날개는 너무 연약해 보인다. 그러나 땅벌은 잘도 날아다닌다.

어떤 사람은 "할 수 없다"는 말을 믿고 실제로 어떤 일을 해내지 못하고 어떤 사람은 "할 수 있다"는 말만 하기 때문에 실제로 어떤 일을 해내기도 한다. 할 수 있다는 확신과 해내고야 말겠다는 욕망만 있다면 용기는 저절로 생긴다.

소극적인 상황에 반격하라

우리가 결코 잊어서는 안 될 사실이 하나 있다.
즉, 지금 우리가 처해 있는 환경이나
또는 꼼짝할 수 없는 곤란한 처지를
어떤 이들은 능히 이겨내고 있다는 사실이다.

_노먼 빈센트 필

제2차 세계대전, 크레이튼 에이브럼 장군과 그의 부하들은 완전 포위를 당하게 되었다. 적은 북쪽, 동쪽, 남쪽 그리고 서쪽에 있었다. 이 소식을 접한 장군은 다음의 말로 부하들의 사기를 북돋아주었다.

"제군들, 이 전쟁이 발발한 이후 처음으로 우리는 지금 사방을 공격할 기회를 갖게 되었다."

상황이 문제가 아니다. 우리가 그 상황에 대해서 어떻게 대처하는가가 문제다. 우리는 주어진 상황, 특히 소극적인 상황에 대해서 오히려 적극적으로 반격을 가해야 한다.

소아마비에 걸린 두 사람이 있다. 한 사람은 워싱턴의 거지가 되었고, 또 한 사람은 미국의 대통령이 되었다. 대통령이 된 사람은 프랭클린 루스벨트다.

승리의 욕망만 가진다면 어떤 상황에 처하더라도 그것을 타개할 수 있다.

당신의 핸디캡이 문제가 아니라 불타는 욕망이 있느냐 없느냐가 문제인 것이다.

주어진 자리를 빛낼 줄 아는 사람이 되라

인간의 참된 인격은
남에게 보여지지 않을 때 하는 행동에 의해 나타난다.

_지그 지글러

주어진 자리를 빛낼 줄 아는 사람이 되어야 한다. 주어진 사명을 완수하는 사람이 되어야 한다. 핸디캡이 문제가 아니다. 그것에 대한 반응이 문제다.

자제력과 헌신, 결심과 불타는 욕망이 있다면 당신은 어떤 환경이나 상황에서라도 적극적인 반응을 보이게 될 것이다. 그렇게 해야만 승리자가 될 것이다.

실패자는 '안 되는 이유'만을 나열한다. 그들은 모든 사람이 각자 핸디캡을 가지고 있다는 사실을 모른다. 자기 혼자만 핸디캡이 있다고 생각하고, 자기의 핸디캡이 제일 크다고 착각한다.

또 실패자는 주어진 자리를 빛낼 생각을 하지 못한다. 주어진 상황을 탓하고, 자신의 운명을 저주한다.

당신에게 주어진 자리를 어떻게 생각하는가? 그 자리에 불만을 느끼는가? 아니면 그 자리에 감사함을 느끼는가? 당신에게 주어진 그 자리가 비록 보잘것없다고 생각되어도 그 자리를 빛내야만 한다. 그러면 당신에게 더 좋은 자리가 주어질 것이다.

소극적 태도와 적극적 태도

_주뻬뜨

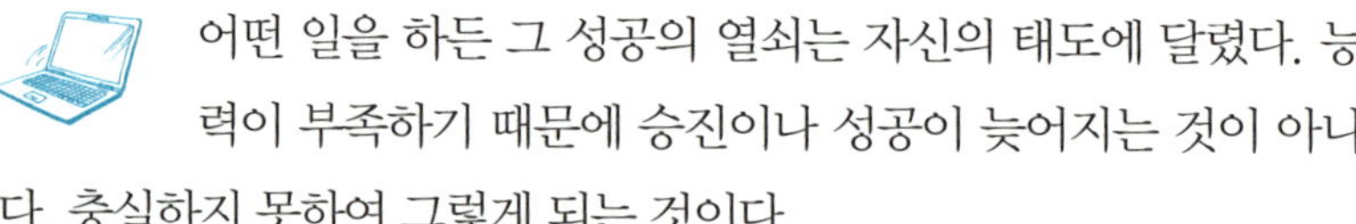

어떤 일을 하든 그 성공의 열쇠는 자신의 태도에 달렸다. 능력이 부족하기 때문에 승진이나 성공이 늦어지는 것이 아니다. 충실하지 못하여 그렇게 되는 것이다.

일이 잘 풀리지 않는 데는 여러 가지 이유가 있으나 다음의 다섯 가지 결함이 그 대표가 될 것이다.

첫째, 결단력이 부족하다. 둘째, 야심이 결여되어 있다. 셋째, 협력의 정신이 없다. 넷째, 부주의하다. 다섯째, 태만하다.

이 결함들은 당신의 성공을 가로막는 장애 요소다.

당신 자신만이 당신의 성격을 좌우하는 장치를 조절할 수 있다. 당신의 태도에 따라 어려운 문제도 일어나며 일이 잘되기도 한다. 다행히 소극적인 태도를 치료하는 것은 가능하다. 그것은 유전도 아니며, 선천적인 것도 아니다. 따라서 반드시 그 장애 요인들을 몰아낼 수 있다. 당신이 만일 소극적인 태도를 가지고 있다면, 그것을 버리고 적극적인 생활 태도를 취해야 한다. 마음을 굳게 다지고 자신을 둘러싼 세계를 변화시켜보자.

생명의 대기를 호흡하라

_채근담

 신념은 당신이 정상인가 아닌가의 지표이며 부정적이고 냉소적인 태도는 정시직 질병의 표시다.

새는 날도록 되어 있다. 새의 두 날개 밑에 있는 대기는 날짐승들의 자연적인 서식처다.

물이 물고기의 서식처인 것과 마찬가지다.

신념은 서식처 안에서 들이마시고 내쉬는 생명의 대기다.

신념을 갖는 것은 정상적인 일이다. 냉소적인 것은 비정상적인 일이다. 그러므로 당신에게 믿음을 갖도록 고취시켜주는 모든 요소를 환영하라. 그리고 신념을 파괴하고 불신을 가져다주는 부정적인 힘이라면 모두 거부하라.

적극적인 신념을 가질 때 당신은 적극적인 정서, 즉 사랑, 기쁨, 용기에 더 많이 지배를 받는다. 이러한 것들은 정서적으로 건강한 사람의 자질이다.

신념이라는 자연적인 대기를 호흡하지 않고 의심과 불신의 오염된 대기를 호흡하면 결국 도덕적인 타락에 빠져버린다. 부정적인 정서에 의해 쉽사리 탈진해버린다.

당신은 신념을 가진 사람으로 만들어졌다.

더 많은 것을 바라라

신념은 논쟁이 아니고 선택이며, 토론이 아니고 결정이다.

신념은 당신 마음속의 어떤 욕구를 채워준다. 그것은 인생에서 더 많은 것을 바라는 것이라고 정의할 수 있다.

큰 부자는 신념에 끌린다. 그들은 자신의 재산이나 사회적 지위가 신념으로 얻은 것임을 알기 때문이다.

당신이 바라는 것을 열망하라. 그러면 그것을 이룰 것이다. 소망은 곧 신념이다. 그리고 신념은 결과를 가져다준다.

강한 신념은 깊은 욕구의 표현이다. 마찬가지로 의심은 욕구의 결핍이다. 수많은 잠재적 또는 현재적 의식의 힘은 신념을 거부할 수도 있다. 또 당신 마음속에 뿌리 깊이 박혀 있는 부정적인 정서들로 말미암아 의심의 성향만이 남겨진 채 믿고 싶은 욕구가 쇠잔해버릴 수도 있다. 그러나 강한 욕망이 그 모든 것을 극복하게 하며 당신으로 하여금 굳센 신념을 갖도록 할 것이다.

욕망과 신념은 동일하다. 욕망이 강하면 그만큼 신념도 두터워진다. 성공하겠다는 강한 욕망과 신념 앞에서 성공의 문은 반드시 열릴 것이다.

지금 그 일이 좋아서 하고 있는가?

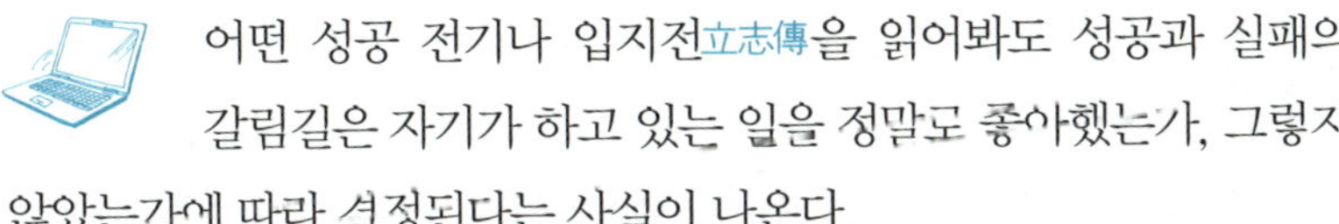

어떤 성공 전기나 입지전立志傳을 읽어봐도 성공과 실패의 갈림길은 자기가 하고 있는 일을 정말로 좋아했는가, 그렇지 않았는가에 따라 설정된다는 사실이 나온다.

좋아하면 잘하게 되는 법이다. 잘하게 되면 더욱 재미가 있어 꿈속에서도 그것만을 생각할 만큼 열중하게 된다.

무엇을 의식적으로 할 때보다 무의식중에 해낸 일이 때로는 더 큰 성공을 가져다주는 경우가 많다. 무엇을 해서든 기필코 많은 돈을 벌겠다고 고심하는 것보다 '이것은 재미있다'고 생각하고 연구하는 동안에 기발한 아이디어가 떠올라 큰돈을 벌게 되는 경우가 많다. 또 그 수익에 급급하기보다 봉사한다고 생각하며 한 일에서 큰 성공을 거두는 경우가 많다.

돈벌이에 혈안이 되면 오히려 돈을 벌지 못한다. 즐거워하면서 일을 해야 분명히 최상의 능률이 발휘된다. 그러나 꼭 취미와 직업이 일치되어야 한다는 말은 아니다. 일치하면 좋겠지만 그렇지 않다면 지금 자신이 하고 있는 일에서 몰두할 만한 즐거움을 찾아야 한다.

적극적인 태도를 갖는 길

인생에서 모든 고난이 그 자취를 감췄을 때를 생각해보라.
그 이상 삭막한 것은 없으리라!

_니체

인생에 대하여 적극적인 태도를 갖고 싶은가? 우선 인생이 재미없다고 생각해서는 안 된다. 그러므로 성격 개조부터 시작하자. 얼굴을 찡그리지 마라. 미소를 지어라. 하룻밤 사이에 다른 사람이 될 것이다.

당신의 자동 조절 장치를 어떻게 해야 적극적인 방향으로 조정할 수 있을까?

첫째, 즐거운 분위기를 갖는다. 아침에 일어나면서 '오늘 하루를 즐거운 시간으로 채우자'고 결심한다. 작은 일로 마음 졸이지 않겠다고 결심한다.

둘째, 대범하게 인생을 산다. 아래를 보고 발을 질질 끌며 걷는 태도는 그만두자. 머리를 들고 넓게, 당당히, 힘 있게 걷자.

셋째, 결코 틀렸다고 말하지 않는다. 어떤 어려운 일을 맞닥뜨렸을 때, 우물쭈물하지 말고 그 해결 방법을 진지하게 생각해보자.

넷째, 적극적인 생각을 가진 사람과 접촉한다. 타인의 나쁜 성격이 그들과 접촉하는 과정에서 당신 안에 스며들어 큰 영향을 끼친다. 우물쭈물하는 사람을 피해야 한다. 친구는 골라서 사귀어야 한다. 언제나 적극적인 분위기 속에 있는 것이 중요하다.

인간의 세 가지 유형

 인간을 분류할 때 기준에 따라서 여러 형태로 구분할 수 있으나 욕망을 기준으로 힐 때는 다음처럼 세 가지 유형으로 나눌 수 있다.

첫째, 승화형이다. 생활 속에 접촉하게 되는 모든 사물로부터 어떻게든 교훈적인 것을 찾아내면서 점차 성장해가는 타입이다. 이런 사람은 욕망이라는 본능을 자기의 능력을 키우는 일에 집중시켜 생산적으로 이용한다.

둘째, 전위轉位형이다. 어떻게 하면 인생을 더욱 즐겁고 유쾌하게 지낼 수 있는가 하는 데만 정신을 집중하는, 생활을 즐기는 타입이다.

셋째, 억압형이다. 생활이라는 무거운 짐에 짓눌려서 무엇을 봐도 기뻐하거나 슬퍼하지 않고 항상 우울하게 사는 타입이다. 이들은 자신의 욕망을 엉뚱한 곳에 쏟아 공격적이 된다. 범죄형 인간들이 여기에 해당한다.

어느 분야에서나 성공을 거둔 이들은 자신의 일에 온갖 정열을 다 바친 사람들이다. 그들은 일 속에서 삶의 보람을 찾는다.

당신도 성공을 원하거든 승화형 인간이 되도록 노력하라.

자기 발견으로 자기 변혁을 시작하라

현명한 사람은 자신의 정열의 주인이 될 수 있으나
어리석은 사람은 그 노예가 되어버리고 만다.

_푸블리어스 시러스

세인트헬레나 섬에 귀양을 간 나폴레옹은 이렇게 말했다.

"나의 몰락은 오직 나의 탓이다. 내가 나 자신의 최대의 적이었고, 나 자신의 비참한 운명의 원인이었다."

그는 과거를 돌이켜보면서 조금만 일찍 자신을 되돌아보고, 조금만 더 일찍 자신을 컨트롤할 수 있었더라면 그토록 비참한 최후를 맞지는 않았으리라고 한탄했다.

인간에게 가장 모를 존재는 바로 자기 자신이며, 반드시 알아야만 할 존재도 자기 자신이다.

어떻게 살아야 할 것인가, 왜 이렇게 의지가 박약한지, 정말로 나에게는 아무런 재능도 없는 것일까 하고 자신을 살펴보았는가?

아마 한번쯤 이러한 문제를 생각해보았을 것이다.

사실, 자신을 발견하는 일은 쉽지 않다. 그러나 그것이 아무리 어려울지라도 반드시 그 과정을 거쳐야 한다. 그래야만 올바른 자기 변혁을 시도할 수가 있다. 자기 발견 없이는 올바른 자기 변혁도 불가능하다.

재능은 시험해보아야 알 수 있다

성공은 행복의 한 요소다.
그러나 만약 다른 온갖 요소가 그 성공을 위하여 희생된다면
성공의 가치는 희석되고 만다.

_러슬

자신에게 재능이 없다고 단정해버린 나머지 비관 속에서 세월을 보내고 있는 사람이 얼마나 많은가? 그들은 왜 자신에게 재능이 없다고 단정하는가? 결국 아무것도 해보지 않고 그저 머릿속에서 하고 싶은 일을 할 수 없다고 생각한 다음, 이를 재능 부족 때문이라고 단정해버리는 것이다.

무언가를 성취하기 위해 노력해보지 않았다면 자기에게 재능이 있는지 없는지 모르는 게 당연하다. 자기가 하고 싶은 일을 열심히 하면서 재능을 창출해내야 한다. 그렇지 않는 한 자신의 재능이 어떠한 모습으로 숨어 있는지 알 수 없기 때문이다.

재능에는 큰 재능이 있는가 하면 작은 재능도 있다. 큰 재능을 자각하지 못한 채 작은 재능에 몰두해버린다면 그처럼 마이너스의 인생이 또 있을까?

당신이 스스로를 계발해야 하는 것은 최대의 재능이다.

과연 무엇이 자신을 크게 키워줄 수 있는 재능인가를 찾아내라.

그리고 그 재능에 인생을 걸어보자.

당신 자신을 재평가하라

세상에서 성공하고자 하는 사람은
대명사의 사용법에 현명해야 한다.
"나"를 한 번 말할 곳에 "당신"을 스무 번 말하라.

_존 헤이

한 자동차 세일즈맨은 입사 1년 만에 엄청난 실적을 올렸다. 그의 상사는 그를 더 좋은 지역으로 전근시켰다. 그는 여전히 같은 수입을 올렸다. 이상하게 생각한 상사는 아주 최악의 지역으로 그를 보냈다. 그런데 그달에도 그의 수입은 여전했다.

그 이유를 궁금하게 생각한 상사는 오랫동안 조사하여 그 원인이 그의 태도에 있음을 알았다. 그는 자신을 그 수입만큼의 세일즈맨으로 생각하고 있었던 것이다.

우리 주위에는 이 세일즈맨처럼 자신을 그 무엇에 묶어놓고 사는 사람이 많다.

그러나 당신의 지위가 낮은 것은 능력이 모자라서가 아니라 당신 자신에 대한 평가가 낮기 때문이다.

당신 자신을 재평가해보라. 당신은 얼마짜리 인생인가? 자신에 대한 새로운 인식과 함께 불타는 욕망으로 당신의 가슴을 가득 채워라.

당신의 인생은 완전히 바뀔 것이다.

자신만의 제품인 '성공'을 찾아라

링컨이나 포드, 또는 카네기 같은 위인의 전기를 읽으며 나도 그렇게 해보리라 결심했던 적이 있을 것이다. 위인과 똑같은 길을 걷고자 노력하다가 어쩔 수 없이 포기하고, 자기는 역시 평범하며 재능이 없다고 비관하다가 인생의 낙오자가 되기도 한다.

그런 이는 근본적으로 중요한 것을 깨닫지 못했다고 볼 수 있다. 즉, 사람의 얼굴이 전부 다르듯이 재능 역시 똑같지 않다는 것을 깨닫지 못한 것이다.

성공에의 길은 기성품일 수가 없다. 성공에의 길은 자신만의 제품이어야 한다.

옛날의 사고방식과 생활방식에 얽매여서는 안 된다. 그 옛날의 성공 원칙을 오늘날의 현실에 맞게 수정해야 하는 것이다.

만일 지금 낡은 성공의 방식에 얽매여 있다면 지금 바로 그것을 버려라. 현재에는 현재에 알맞고, 더 확실하고 더 용이한 성공 루트가 있다.

당신 자신의 지난날을 이용하라. 지난날을 돌이켜보면서 재능을 발견, 계발해 나아가야 한다.

욕망과 자주

_토머스 칼라일

 당신이 진정으로 어떤 것을 소망한다면 그것을 얻을 힘을 갖게 된다. 진정으로 성공하기를 바란다면 당신은 성공하게 된다.

강력한 충동은 신비로운 힘을 발휘한다. 강력한 충동을 가졌다면 당신은 의지를 가진 사람이며 성공이 보장된 사람이다.

성공을 뜨겁게 바랄 때 발휘되는 힘은 무엇보다도 강하며 두려울 것이 없다. 뜨거운 욕망은 평범한 사람을 비범하게 만들지만 뜨겁지도 않고 차갑지도 않은 욕망은 실패를 가져올 뿐이다.

부모로부터 재산을 풍족하게 물려받은 소위 재벌 2세가 더 높은 목표를 세우지 않고 현실에 안주하곤 한다. 또는 성공 의지나 욕망을 불태우지 못해 물려받은 재산을 탕진하는 경우를 종종 본다. 불타는 욕망이 있어야 큰일을 성취할 수 있다.

당신의 욕망을 키워라. 큰 욕망을 가져라. 그리고 그 욕망에 전력투구하라.

인생의 목표가 무엇인가? 욕망을 키워라. 그리고 욕망의 불길을 늦추지 마라. 강렬하게 희망하는 것은 소유할 수 있다.

욕망과 동기

_헨리 포드

 흔히 경찰이 범인을 체포할 때는 범죄의 동기動機를 먼저 본다. 동기는 행동에 중요한 위치를 차지하기 때문이다.

모든 행동에는 동기가 있다. 동기는 계기가 된다. 당신의 인생에는 반드시 승리와 패배를 좌우할 중요한 계기가 있다. 이런 계기를 잘 포착하는 사람이 성공한다.

성공의 주된 요인이 바로 동기다. 당신이 달려나갈 때는 이유와 목표가 있다. 그것이 바로 동기다. 당신을 자극하여 온갖 고난을 무릅쓰고 전진하게 하는 것이 바로 동기다.

동기가 강하면 곧 욕망이 된다. 동기는 욕망을 자극한다. 그 자극은 고정관념을 깨뜨린다. 자극은 고정관념의 줄을 끊고 박차고 나아가게 한다. 자극은 창조심을 북돋운다.

자극에는 두 가지가 있다. 하나는 다른 사람을 자극하는 것이고, 다른 하나는 당신 자신을 자극하는 것이다. 어떤 자극이든 올바른 방향으로 나아갈 때 그것은 촉진제가 된다.

산소가 없으면 불이 타오르지 못하는 것처럼 강력한 동기가 없으면 성공하지 못하며, 창의력을 발휘하지 못한다. 동기가 없으면 희망은 희미해지고 상상력은 소멸된다. 동기가 없으면 보람찬 결과를 찾기도 힘들다. 항상 동기가 있어야 한다.

계속 전진하라

행복과 불운은 인간이라는 돌을 가리기 위하여
자연이 고용한 두 명의 조각가다.

_페레스

인생에서 도전기는 어느 때인가?

생각에서 행동으로, 명상에서 행진으로, 교실에서 큰 거리로, 교회에서 당신 일상생활의 직무로, 책 읽는 일에서 도리어 다른 생활로 바뀔 때가 바로 당신 인생의 도전기다.

인생의 도전기란 당신의 신념을 실현해야 할 때를 말한다. 말하기를 멈추고 실행하기를 시작할 때, 바로 그때가 출발점이다.

해가 지고 지나간 하루를 되돌아보면서 "멋진 하루였어"라고 말할 수 있다면 그날은 멋진 하루였으리라. 예기치 않은 좋은 일들이 일어났고 그 예기치 못했던 일들에 대해 당신은 적극적으로 대처한 것이다.

몇몇 다른 사람들도 비슷한 하루를 보냈다. 그러나 그들은 낙심한 채로 저녁을 맞이한다.

고된 임무와 어떤 얽매인 상태를 만났어도 당신은 계속 전진하였다.

즉시 성공이 찾아와주지 않아도 계속 전진하라. 두 번, 세 번, 그리고 열 번 시도하면 벽은 허물어질 것이다.

신념은 서식처 안에서 들이마시고 내쉬는 생명의 대기다.
신념을 갖는 것은 정상적인 일이다. 냉소적인 것은 비정상적인 일이다.
그러므로 당신에게 믿음을 갖도록 고취시켜주는 모든 요소를 환영하라.
그리고 신념을 파괴하고 불신을 가져다주는 부정적인 힘이라면
모두 거부하라.

Part 7.
끈기와 인내심에 대하여

ONE MINUTE
SPECIAL LECTURE
for People who is Preparing for Wonderful Future

집중력이 있어야 성공한다

발명왕 에디슨은 그의 일생 동안 보통 사람 열 명 이상이 한 일보다 더 많은 일을 해냈다. 그가 현대 문명에 공헌한 업적은 실로 대단하다. 축음기, 전기 기관차, 마이크로폰, 활동사진, 전신 전화박스, 백열전구 등이 모두 그의 발명품이다.

그가 그토록 많은 공헌을 할 수 있었던 원동력은 무엇일까?

그가 천재였기 때문일까?

그가 기회를 잘 잡았기 때문일까?

여기서 그것이 무엇이라고 확실하게 말할 수 있는 것은, 그가 많은 노력을 기울였다는 것뿐이다. 그는 연구 과제를 결정하면 오로지 거기에만 몰두하였다. 다른 어떤 것에도 마음을 뺏기지 않고 오로지 그 일에만 전력투구하였다. 결과가 만족스러울 때까지 혼신의 힘을 다 기울인 것이다.

에디슨의 성공 비결은 바로 '집중력'이었다.

당신은 어떤가? 당신은 목표에 전심전력을 다하고 있는가? 그 일에 당신은 얼마나 집중하고 있는가?

끈기와 소망을 잃지 마라

매우 고되고 긴 여행을 끝내기 위해서 우리에게 필요한 것은
한 번에 단 한 걸음씩 옮기는 것이다.
그러나 발걸음을 멈춰서는 절대로 안 된다.

_지그 지글러

그는 8년간이나 여러 출판사에 글을 보냈지만 번번이 거절 당했다. 8년, 참으로 긴 세월이었다. 그러나 그는 결코 포기하지 않았다. 그때마다 그는 언젠가는 자신의 글이 독자들에게 읽힐 것이라는 소망을 불태웠다.

그는 해군 복무 당시 문서 담당관이었는데, 제대한 후 작가가 되기 위해 계속 노력해왔다. 그러나 번번이 실패했다.

"의도는 매우 좋습니다."

출판사 편집장으로부터 온 거절의 편지에 실린 위로의 말이었다. 그때마다 그 젊은 작가 지망생은 입술을 깨물고 다시 글을 썼다.

그는 포기하지 않았다. 마침내 그는 각고의 노력 끝에 그야말로 대작을 완성하였다. 그 책이 바로 『뿌리』다. 그는 수년 동안의 인내 끝에 금세기 최고의 걸작을 만들었으며, 많은 감동을 주는 작가가 되었다. 그가 바로 알렉스 헤일리다.

바라는 것을 이루기 위해서는 끈기와 소망을 가지고 열심히 노력해야 한다. 끈기와 소망, 그리고 열심히 일하는 것 등은 당신을 비범한 인물로 만드는 필수적 요소다.

준비하고 있는 자에게 기회가 온다

한 아버지가 4남매를 남긴 채 세상을 떠났다. 그의 아내는 그때부터 사무실 청소원으로 일하면서 남편이 하던 석탄 배달까지 떠맡았다. 또 고된 일과 중에도 가족들을 돌봤다.

그녀의 아들 조니 유니터스는 피츠버그의 한 고등학교에서 풋볼선수로 뛰고 있었다. 그런데 그는 꿈에도 그리던 노틀담 팀에 들어가지 못했다. 키가 작다는 것이 이유였다. 그래서 어느 작은 대학의 팀에서 선수 생활을 해야 했다. 대학 졸업 후에는 피츠버그스틸러스 팀에 들어가고자 무척이나 애를 썼지만 결국 물거품이 되고 말았다.

그는 건축 공사장에서 일을 해가며 한 게임당 6달러씩 받는 아마추어 풋볼 팀에서 선수 생활을 했다. 그러나 그는 쿼터백의 꿈을 버리지 않고 축구 연맹에 가입한 모든 팀에게 편지를 썼다.

"저에게도 한 번 기회를 주십시오."

마침내 볼티모어콜츠 팀이 그에게 기회를 부여하였다. 그는 그 팀에서 쿼터백으로 활약했고, 몇 번의 시즌을 통해서 최고의 쿼터백에게 수여하는 상을 받았으며, 그의 팀을 월드 챔피언 자리에 올려놓았다.

오늘 당신에게 부과된 특별한 과제에 대해 온 힘을 집중하여 꾸준히 노력하라.

마음속에 쌓아놓은 한계를 무너뜨려라

직접 노력하기 전까지는
당신 자신이 무슨 일을 할 수 있는지를 결코 알 수가 없다.

_헨리 제임스

데이비드 하트먼은 여덟 살 때 시력을 잃었다. 그의 꿈은 의사가 되는 것이었다. 그가 템플대학교 의학과에 입학하자 학교 당국에서는 다음과 같은 말을 하였다.

"맹인의 몸으로 의학부 전 과정을 이수한 사람은 단 한 명도 없었습니다."

그러나 데이비드는 의사가 되겠다는 의지를 굽히지 않았다. 그에게 제일 큰 장애는 의학 서적을 봐야만 한다는 사실이었다. 당시는 의학 분야에 맹인용 점자책이 없었고 극소수의 맹인 학생을 위하여 여러 권의 의학책을 발간한다는 것은 불가능한 일이었다. 그러나 그는 맹인 점자 제작소에 의뢰하여 자신에게 필요한 25권의 전 교과서를 모두 점자책으로 만들었다. 마침내 그는 27세의 맹인으로 의학부 전 과정을 마쳤다. 사상 처음의 학위 이수자였던 것이다.

당신의 목표가 너무나 하찮은 것은 아닌가, 혹은 당신의 생각이 부정적인 것은 아닌지 되돌아볼 필요가 있다.

어떤 삶을 살기를 원하는가? 그 꿈이 맹인인 데이비드 하트먼이 의사가 되려는 꿈만큼이나 힘들고 장벽이 많은가? 그것과 비교해볼 때 불가능한 꿈인가?

끝까지 버텨야 한다

어떤 목표든 처음의 시도로 단번에 이룰 수는 없다. 아무리 뛰어난 명사수라도 단번에 과녁을 명중시킬 수는 없다. 사수는 과녁을 맞히기 위해 가늠하느라 전방의 관측물들을 살필 것이다. 경험이 있는 사수라면 첫 발을 쏘아본 다음, 풍향이나 풍압風壓을 알아보고 그다음 발의 명중을 위해 가늠자를 무풍의 표준에 맞추어 조정할 것이다. 무엇이든 한두 번의 시도로 성공한다는 것은 불가능하다.

스티브 브라운은 다음과 같이 말했다.

"할 만한 가치가 있는 일은 서툴더라도 계속해 나아간다면 반드시 훌륭히 해낼 수 있을 것이다."

모두가 단번에 유능한 선수나 의사가 되고, 훌륭한 연기자가 되어 아카데미 연기상을 수상할 수는 없다. 단번에 표적을 명중시키겠다는 생각을 버려라.

성공의 열쇠는 많은 실패에도 불구하고 불굴의 용기와 끈기를 갖고 매달리는 데 있다.

아무리 힘들지라도 먼저 시도하라. 실패로부터 배워라! 그러면 실제로 과녁을 명중시킬 기회가 더 많아질 것이다.

실패에서 성공하는 법을 배운다

_데오도르 F.머셀즈

 당신의 운명은 스스로 지배해야 한다. 타인에게 자신의 운명을 의탁해서는 안 된다.

스스로 추구하는 것을 찾아내어 그것을 얻기 위하여 노력하라.

자신의 인생을 자기 스스로 만들어가기 위해 필요한 몇 가지 조언을 해본다.

첫째, 지금의 위치에서 체념하지 않는다. 한층 더 나은 것을 향해 나아간다. 실패를 두려워하는 주저함을 버려야 한다.

둘째, 지금 하는 일에 정신을 집중한다. 손이 닿는 일이면 어느 것에나 최선을 다해야 한다. 오늘의 방법이, 오늘의 일이 내일의 열쇠가 된다는 것을 잊지 마라. 오늘 생각할 것, 오늘 행할 것, 이것이 내일의 위치를 결정한다.

셋째, 자신의 힘과 능력을 정확히 평가해야 한다. 미래를 내다보기 전에 자신이 갖고 있는 힘을 충분히 알아야 한다. 모두가 자기의 일을 잘 알고 있다고 말하지만 실제 자신의 능력을 제대로 파악하는 사람은 드물다. 우선 자신의 능력을 올바로 평가해야 한다.

이상의 세 가지 요소는 당신의 운명을 지배한다. 항상 음미하고 실천하기 바란다.

역경에 맞서서 나간다

1972년 동계올림픽 스케이팅 부문에서 동메달을 획득한 자네트 린은 1973년 여자 운동선수로서는 최고액인 145만 5천 달러당시 약 5억 8천만 원로 아이스쇼단 쉽스타드앤드존과 계약을 맺었다.

그러나 그녀는 호흡기 장애 때문에 22세의 젊은 나이에 은퇴를 해야 했다. 29세 되던 해, 그녀는 다시 팀에 복귀했다. 처음 빙판 위에 서자 현기증으로 단 몇 분을 이기지 못했다. 그러나 그녀는 포기하지 않았다. 그녀는 체력을 회복하기 위해 치밀한 훈련 계획을 세웠다. 그리하여 마침내 그녀는 간단한 점프를 할 수 있게 되었고 점차적으로 더 높이, 더 복잡하게 세련된 점프를 하게 되었다. 다시 많은 관중 앞에서 스케이팅을 할 수 있게 된 것이다.

그녀는 포기할 만한 여러 이유를 가지고 있었음에도 불구하고 포기하지 않았다.

성공의 대가를 지불할 필요는 없다. 다만, 성공으로 얻어진 유익을 마음껏 누리기만 하면 된다.

당신 인생의 목표를 포기하지 마라.

당신의 미래는 당신 손에 있다

나의 관심은 미래에 있다.
그것은 내 삶의 나머지 부분을 미래에서 보내야 하기 때문이다.

_찰스 F.케더링

 50세의 마리안은 그동안 계속해오던 일을 최근 그만두었다. 심리학을 배우기 위해서였다.

"아이들이 다 성장했으니 제 영역을 넓혀야겠어요."

그녀가 직장을 그만두면서 한 말이었다.

35세의 주부 마우린 프로미츠는 낮에는 의료기관에서 일하고 밤에는 야간대학에 다녔다.

"저는 항상 발전하기 위해, 힘들지만 공부를 계속하고 있어요."

면학의 꿈을 키우는 학생들이 야간대학마다 가득 차 있다. 우리가 일생 동안 꾸준히 성장을 위해 노력한다면 계속해서 수많은 기회가 주어질 것이다.

우리의 생에 반드시 좋은 기회는 온다. 그러므로 지금이 전성기라 생각되어도 앞날을 위해 계속 공부하고 노력한다면 더 큰 기회를 맞아 더 큰 성공을 이룰 수 있다.

당신의 미래는 스스로 그 미래를 어떻게 다루느냐에 따라 달라진다. 바로 그 점을 잊지 말아야 한다.

"과연 나는 10년 후에 어떻게 될 것이며, 현재 10년 이상을 앞질러 살 수 있는가?"

한번은 자문해보라.

인내의 습성을 기른다

 한 연구 보고서에 의하면, 쉽게 포기하는 습관 역시 학습된다고 한다.

당신의 포기도 습관화되었는가? 그렇다면 인내력과 결단력을 배우고 길들일 수 있을 것이다.

얼마 전 생물학자들과 심리학자들이 '인간의 사고방식이 일상생활에 미치는 영향'에 대하여 연구한 일이 있었다. 어느 대학의 과학자 팀은 실험용 동물들이 포기하는 법을 배우게 된다는 사실을 알아냈다.

쥐를 손에 잡고 아무리 발버둥쳐도 못 빠져나갈 만큼 꽉 쥐고 있으면 쥐는 결국 상황이 불가능하다는 것을 알고 바둥거리는 걸 포기하고 만다. 그런 다음 그 쥐를 물탱크 속에 집어넣으면 살려고 헤엄조차 치지 않는다. 그 쥐는 포기하는 법을 배운 것이다.

인간도 포기하는 습관을 선택할 수 있다. 또는 낙관이나 희망을 선택하여 이겨내는 습관을 가질 수도 있다. 당신에게는 결코 포기하지 않는 습관을 기를 능력이 있다. 의심과 두려움을 떨쳐버리고 앞으로 나아갈 수 있는 능력도 있다.

인스턴트 성공

_H.L.린트

 무려 9년 동안이나 자신의 책이 출판되고, 자신이 쓴 글이 잡지에 실리기를 기다린 사람이 있다.

바로 조지 버나드 쇼다.

끈질긴 노력과 인내 끝에 그는 세계에서 가장 위대한 작가 중 한 사람이 되었다.

성공 요소 중 무엇보다도 중요한 것은 인내다. 오늘날 우리 사회는 모든 것이 인스턴트화해가고 있다. 누구나 인스턴트 주스, 인스턴트 차와 인스턴트 식품을 쉽게 이용하고 있다. 그리고 자연스럽게 이에 맞추어 '인스턴트 성공'을 바라게 되었다.

그러나 성공만은 그렇게 될 수 없다. 진정으로 성공을 원한다면 끈기를 개발해야 한다.

그러면 그 끈기는 어떻게 개발하는가?

그 비결은 간단하다. 자신이 가야 할 곳과 왜 가야 하는지를 알고, 부단히 실패를 딛고 일어서서 또 다시 시작하는 것이다. 버나드 쇼가 기나긴 9년의 세월을 기다릴 수 있었던 것은 그에게 뚜렷한 목표가 있었기 때문이다.

결코 중단하지 마라

인생에서 고난을 극복하고 성공을 향해 힘찬 발걸음을 내딛으며,
새로운 소망과 함께 그것을 성취하려고 애쓰는 것보다
더 고상한 즐거움은 없다.

_새뮤얼 존슨

 이 세상에서 희망이 전혀 없는 상황이란 있을 수 없다. 다만 사람들이 절망을 느껴 희망을 포기할 따름이다.

캐빈 폴란드가 태어났을 때 의사는 그의 부모에게 "앞으로 24시간을 넘기지 못할 겁니다"라고 절망적인 선언을 하였다.

그로부터 한 달이 지나자 의사는 또 "한 살을 넘기지 못할 거예요"라고 말하였다.

그는 소년 시절에도 "단념하라", "포기하라"는 말을 수없이 들었다. 그러나 차츰 부모와 그의 입에서는 단념한다거나 포기한다는 말이 사라져갔다.

캐빈은 열두 살이 되어서도 기저귀를 차야만 했고 등 뒤에 댄 스테인리스 보조대를 의지하고 다녀야 했다. 그러나 그에게는 어떤 부모보다 훌륭하고 사랑이 넘치는 부모가 있었다.

그가 열일곱 살때부터 휠체어를 타고 돌아다닐 수 있게 되었다. 그리고 그를 위해 특별한 장치를 부착한 1979년 밴형 자동차를 타고 운전면허 시험에 합격했다. 그는 그에게 "포기하라"고 했던 사람들을 무색하게 했다.

중단하지 않는 자가 곧 승리자다.

"

건강을 위해서 운동하라

_지그 지글러

 "강의와 저술로 그렇게 바쁜 생활을 하면서 조깅할 시간이 있습니까?"

이것은 지그 지글러가 많은 사람으로부터 자주 받는 질문이다. 사실, 지그 지글러는 조깅할 시간이 없을 정도로 무척 바빴다. 그러나 매일 적어도 25분씩 계속 조깅을 하면 신기할 정도로 몸에 원기가 솟았다. 따라서 매일 25분간의 조깅으로 두 시간 이상의 더 생산적인 일을 할 수 있게 된 것이다.

그는 해야 할 일들이 굉장히 많다는 것을 기쁘게 생각하며, 많은 일을 해내기 위해 매일 25분씩을 투자했다.

퍼듀대학교에서 4년간에 걸쳐 연구한 어느 보고서에 의하면 실제로 조깅을 한 사람이 지출한 의료비가 조깅을 하지 않은 사람보다 훨씬 적을 뿐만 아니라, 남녀 모두 운동을 함으로써 정서적으로 더 건강하며 긴장감이 적다고 한다. 또한 운동 후에는 항상 최고의 창의력이 발휘되며 신체의 활동 역시 강화된다고 한다.

자신을 강하게 훈련시킨다

_로버트 슐러

삶은 결코 수월하지 않다. 산다는 것이 쉽다고 생각해서는 안 된다. 그러나 우리가 그 삶에 최선을 다하기만 한다면 산다는 것만큼 쉬운 일도 아마 없을 것이다. 삶이란 즐겁고 흥미로우며 보람된 것이다.

뉴욕 시 행정 연구원에서 조사한 바에 의하면 유능한 리더는 자신의 후계자상을 말할 때 무엇보다도 '자기 훈련'을 든다고 한다. 150개 주요 회사들의 중역 중 80퍼센트가 "자기 훈련이 필요하다"고 말했던 것이다.

실제 어떤 일을 끈기 있게 추진해가기 위해서는 자기를 연마할 의지와 능력이 가장 중요하다. 당신이 자신을 스스로 강인하게 만들 수 있을 때 비로소 삶이 수월하게 느껴질 것이다.

그리고 자신을 강인하게 훈련시킬 때 기회의 문도 더욱 넓게 열릴 것이다.

온 마음으로 일하라

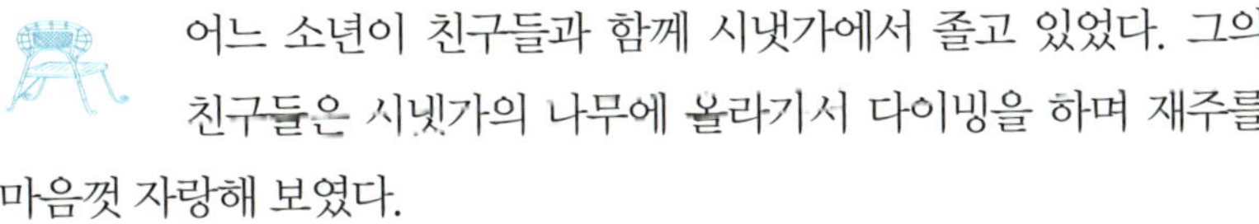

어느 소년이 친구들과 함께 시냇가에서 졸고 있었다. 그의 친구들은 시냇가의 나무에 올라가서 다이빙을 하며 재주를 마음껏 자랑해 보였다.

그러나 그 소년을 다이빙을 하지 못해 그들이 뽐내는 묘기를 바라보기만 하고 있었다.

전신 운동인 이 다이빙의 원리는 거의 모든 삶의 영역에 적용된다. 마음에 내키지 않아 억지로 하는 일은 매우 어렵다. 일을 시작하여 조금 하다가 그만두거나 또는 그 일에 대해 떠벌리기만 하고 일의 주변만 자주 빙빙 돌게 된다면 그 결과는 보나마나 뻔하다.

성공과 행복이라는 게임에서는 그 결과가 항상 흑백논리와 같다. 성공이 아니면 실패인 것이다. 오직 전심전력을 다해 일하는 것이 성공을 위한 열쇠다. 다이빙처럼 전신으로 뛰어들어야 하는 것이다.

성공과 실패의 차이는 마지못해 하느냐 열심히 노력하느냐의 차이일 뿐이다.

최선의 능력을 발휘할 때

 가장 창조적인 활동이 저조한 때는 21세이고, 50세 이상에서 창조적 활동은 상승된다고 한다.

이것은 우리가 일반적으로 생각하고 있던 관념, 즉 50세가 되면 창조 능력이 떨어지리라는 사고방식과 판이하게 다르다.

예를 들어서 세일즈맨의 경우 최고의 판매 실적을 올릴 때가 바로 55세라는 것이다. 나이 있는 판매원일수록 경력이 풍부하므로 세일즈에 증력을 발휘한다는 것이다.

경영자라면 이러한 경험을 살 줄 알아야 한다. 혹시 독자 중에 50세 이상의 사람이 있다면 당신 앞에 가장 창조적인 활동 시기가 기다리고 있음을 깨닫고 현직에 최선을 다해야 한다. 나이에 관계없이 바로 지금이 당신의 인생을 더 값있게 보낼 수 있는 때라고 여기며 현재 일에 최선을 다해야 한다.

무엇인가 최선의 것을 이룰 시기가 이제부터 시작되고 있음을 기억하라.

승패는 약간의 차이에서

 티 콥은 경기를 마치고 나서 야구장 출입 기자들로부터 "왜 1루에만 나가면 그렇게 신경질적이 되는가?"라는 질문을 받았다. 그는 이렇게 대답했다.

"나는 결코 신경질을 부린 일이 없습니다."

기자는 또 물었다.

"당신이 1루에 나갔을 때 항상, 투수가 투구를 하기 전까지 베이스를 계속해서 발로 차던데 신경질을 부리는 게 아니라면 뭡니까?"

티 콥은 기자를 보고 웃으면서 이렇게 말했다.

"제가 설명해드리지요. 1루에 나갔을 때 신경질을 부린 게 아닙니다. 선수 생활 초기에 발견한 사실인데, 1루에서 베이스를 여러 번 툭툭 차면 2루 쪽으로 5센티미터 정도는 족히 움직이죠. 그렇게 되면 2루까지 도루하기가 훨씬 수월해집니다."

어떻게 그가 거의 반세기 동안 최대의 도루주자로 군림했는지를 이해할 수 있을 것이다.

그렇다! 이 같은 사소한 차이가 야구뿐만 아니라 인생에서도 커다란 차이를 만든다.

자신을 높은 값으로 팔아라

_H.W.아놀드

 엄밀히 따진다면 우리 모두 판매인이다. 꼭 어떤 특정한 물건이 아니더라도 끊임없이 자신의 생각이나 새로운 아이디어를 팔기 위해 우리는 모두 노력한다.

직업적인 세일즈맨은 고객에게 물건을 권할 때 세 번 정도의 설명으로 판매가 이루어진다고 한다. 자신을 팔려고 할 때는 다음의 세 가지 원리를 명심해야 한다.

첫째, 사전 준비를 하자. 당신의 사장이 될 사람이나 희망 직종에 대해서 가능한 한 많은 정보를 알아두어야 한다.

둘째, 의문을 갖고 질문하라. 무엇에나 관심을 갖고 의문을 풀어가는 태도는 어느 분야에서나 바람직하다.

셋째, 열정을 간직하라. 열정이란 영어로 'Enthusiasm'인데, 맨 마지막 네 글자는 'I Am Sold Myself 나는 자신을 팔았다'의 첫 글자들로 이루어져 있다.

위의 세 가지 원리를 잊지 않으면 당신 자신을 성공적으로 판매할 수 있을 것이다.

목표를 향해 계속 나아가라

실패는 때때로 인내의 결핍으로 인해 발생된다.

_지그 지글러

판매나 행복한 가정 생활에서나 인내는 성공의 핵심 요소다. 세일즈맨은 상품을 판매할 때까지 인내해야 하며, 축구경기에서 이기기 위해서는 90분이 다 되어 휘슬이 울릴 때까지 쉬지 않고 뛰어야 한다.

프랑스의 유명한 작가 스탕달은 이렇게 말했다.

"목적을 성취하려면 목표 달성을 위한 시도를 계속해야 한다."

한 사내가 금광에 미쳐 있었다. 그러던 어느 날 빛나는 황금맥을 발견했다. 그 소식을 들은 많은 사람이 돈을 투자했고, 그는 채굴기를 사가지고 금광으로 들어갔다. 금은 자꾸만 쏟아져 나왔다. 그런데 어느 날 금맥이 끊어지더니 흙덩이만 나왔다. 채굴을 단념한 그는 채굴기를 고철상에 팔아치우고 고향으로 가버렸다. 그런데 그에게서 채굴기를 산 고철상 주인은 좋은 금맥이 그처럼 허망하게 사라진 것에 의아해하며 조사를 했다. 금맥은 그가 포기했던 바로 그 지점 1미터도 안 되는 곳에서 다시 시작되고 있었다. 고철상 주인은 거부가 되었다.

그가 좌절의 순간에 좀 더 인내를 갖고 새로운 시도를 계속했다면 그는 분명 성공했을 것이다.

목표를 향해 인내하며 꾸준히 나아가라. 승리의 면류관은 당신의 것이 될 것이다.

성공하는 사람은 매혹되지 않는다

성공한 사람들의 결정 방법을 살펴보자. 그들을 자세히 살펴보면 실패한 사람들과는 다른 무엇이 발견될 것이다. 즉, 그들에게는 목표가 있었다. 경험에 의해 어디로 갈 것인가를 알면 오차가 없다는 당연한 사실이 몸에 배어 있는 것이다.

성공한 사람은 목표를 놓치는 일이 없다. 머릿속에 목표가 깊이 심어져 있는 것이다. 그러므로 중요한 일을 결정한 경우에는 '목표에 가능한 한 빨리 도착하려면 어떻게 해야 하는가?' 하고 스스로에게 자문하는 것만으로는 부족하다.

행선지行先地만 안다면 실로 빠르고 또 정확하게 판단을 내릴 수 있다. 당신이 마음속 깊이 소망하고 있는 바, 옳건 그르건 그것을 얻으려고 마음을 부수는 것, 즉 목표를 조리 있게 설명하는 일이 선결 문제인 것이다.

끈기의 커다란 힘

페니 허스트는 1915년 작가의 꿈을 안고 뉴욕으로 갔다. 넉 달 동안이나 뉴욕의 뒷골목을 답사하여 소재를 모아 작품을 썼다. 매일 판에 박은 듯이 낮에는 일을 하고 밤에는 펜을 잡았다. 희망이 꺼져갈 즈음에도 그녀는 자포자기하지 않았다.

〈새터데이이브닝포스트〉는 그녀의 작품을 36회나 거절했으나 그녀는 마침내 그 벽을 뚫고 말았다. 보통 이렇게 거절당하면 붓을 꺾고 말겠지만 그녀는 4년 동안이나 출판사를 끈기 있게 찾아다녔다.

거절당할 때마다 그녀는 반드시 승리하고야 만다는 결의를 굳게 다졌다.

결국 보람의 날이 왔다. 보이지 않는 손이 그녀를 테스트했는지도 모르겠지만 아무튼 기회를 잡고야 말았다. 그러자 이번에는 출판사 쪽에서 그녀의 아파트 문을 두드리게 되었다. 돈이 쏟아져 들어왔다.

끈기는 이처럼 중요하다.

끈기가 있으면 당신도 성공할 수 있다.

끈기는 발전시킬 수 있다

_프리드리히 폰 슐레겔

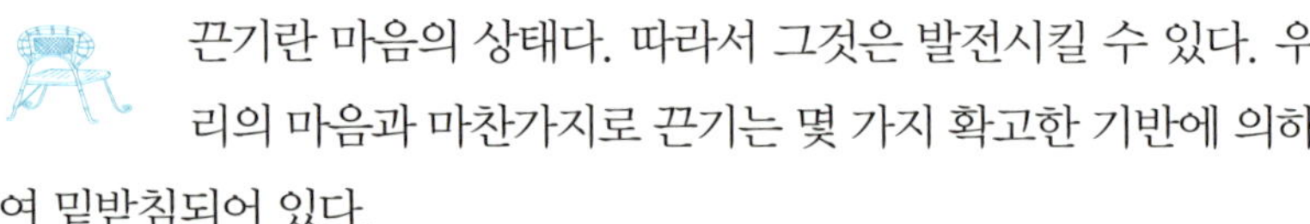

끈기란 마음의 상태다. 따라서 그것은 발전시킬 수 있다. 우리의 마음과 마찬가지로 끈기는 몇 가지 확고한 기반에 의하여 밑받침되어 있다.

첫째, 목적이 명확해야 한다. 우선 자기가 무엇을 희구하고 있는가를 알아야 한다. 그것이 끈기를 키우는 가장 중요한 요소다.

둘째, 욕망이 있어야 한다. 목표를 향한 욕망이 강할수록 끈기를 발휘하는 일도 비교적 용이해진다.

셋째, 자신을 신뢰해야 한다. 계획을 수행할 수 있다는 자신감만 있다면 끈기를 가지고 계획대로 해낼 수가 있다.

넷째, 의지력이 있어야 한다. 명확한 목적 달성을 향한 끈기 있는 의지력 말이다.

다섯째, 습관이다. 끈기는 습관의 직접적인 결과다. 정신집중이 일상의 경험을 통하여 인생의 일부가 되면 훌륭한 습관이 형성된다.

이상의 다섯 가지 요소가 구비되면 누구든지 끈기를 발전시켜 나아갈 수 있다.

끈기를 기르는 4단계

 끈기를 습관화하여 몸에 배도록 하자. 그러자면 대략 4단계를 밟아야 한다.

그 어느 단계든 지식이 풍부해야 한다거나 높은 교육을 받아야 하는 것은 아니다. 누구든지, 노력만 따르면 가능하다.

첫째, 명확하고 구체적인 목표를 가지고 그 목표 달성을 위해 불타는 욕망을 품어야 한다.

둘째, 뚜렷하고 구체적인 계획을 세우고 끊임없이 실천에 옮겨야 한다.

셋째, 소극적이며 용기를 꺾는 일에 대해서는 굳게 마음 문을 닫고 돌아보지 말아야 한다. 물론 여기에는 친구들 혹은 가족의 반대나 충고도 포함되어 있다.

넷째, 계획이나 목표를 수행할 때 격려를 해주는 사람들과 우호적인 인간관계를 가져야 한다.

이상의 4단계를 착실하게 밟아 올라감으로써 당신은 성공자의 대열에 설 수 있다.

그러나 각 단계마다 시련과 유혹과 장애가 따른다는 것을 명심하라.

정상을 향한 길

 정상을 향한 길은 고난의 길임과 동시에 악전고투의 길이다. 또한 피눈물나는 칠전팔기의 길임과 동시에 가장 자랑스러운 승리의 길이기도 하다.

무슨 일에서나 정상에 도달하려면 뼈를 깎는 눈물겨운 노력이 있어야 하며 몇 번씩 넘어져도 다시 일어나는 끈기가 있어야 한다.

기어이 정상에 도달하겠다는 집념과 무슨 일에든 전력투구하는 정신이 있어야 한다.

어느 세일즈맨의 성공담을 들어보자.

그는 한 고객을 찾아가서 상품을 설명했다. 그러나 그 고객은 깨끗이 거절했다. 그러면 그는 며칠 후 또 찾아간다. 또 거절을 당한다. 그는 '그래, 기어이 그에게 팔고야 말겠다'고 다짐하고 또 찾아간다. 그래도 거절을 당하면 며칠 있다가 다시 찾아간다. 결국 그는 자신의 결심대로 성공하고야 만다.

그에게는 신념이 있었고 끈기가 있었다.

정상을 향해 가는 사람은 누구나 이런 끈기가 있어야 한다. 또한 신념이 있어야 한다.

신념과 끈기는 불가능을 가능으로 바꾼다. 무에서 유를 창조한다.

우리의 생에 반드시 좋은 기회는 온다.
그러므로 지금이 전성기라 생각되어도 앞날을 위해 계속 공부하고
노력한다면 더 큰 기회를 맞아 더 큰 성공을 이룰 수 있다.
당신의 미래는 스스로 그 미래를 어떻게 다루느냐에 따라 달라진다.

Part 8.

실천력에 대하여

ONE MINUTE
SPECIAL LECTURE
for People who is Preparing for Wonderful Future

성공한 사람은 실천력이 있다

 현대는 무엇보다도 실천력을 요구하고 있다. 실천력이야말로 성공의 필요조건이다.

실제로 성공한 사람은 예외 없이 실천한 사람이다. 지극히 단순한 논리이지만 이는 과거나 현재나 마찬가지다. 위대한 성공자들은 뛰어난 실천력을 가지고 있었다. 나폴레옹이나 카이사르가 사람들 위에 서게 된 것도 실천력이 남달리 뛰어났기 때문이다. 카네기나 록펠러 같은 이들에게도 실천력이 성공의 요인으로 작용했다.

세계적인 위스키를 만들어낸 토리 신지로도 그중 한 사람으로, 와인으로 성공하자 이것을 바탕으로 위스키 제조를 시작했다. 그것은 대단한 모험이었다. 당시 위스키는 영국이나 스코틀랜드 등 구미에서만 만들 수 있는 것으로 여겨졌기 때문이다. 회사 중역들의 반대에도 불구하고 토리는 세계의 산토리로서의 제일보를 내딛고야 만다.

실천력이 얼마나 중요한가는 이 정도의 실례만으로도 충분히 알 수 있을 것이다.

오늘 하루에 충실하라

실천력을 가진 사람들의 공통점은 바로 '오늘 하루를 충실하게 지낸다'는 것이다. 오늘 하루에 충실하지 않는데 실천력이 생길 리 없다. 우리에게 주어진 하루를 충실하게 사는 것이 곧 실천력을 갖는 비결이다.

인생 승패의 갈림길은 오늘 하루에 있다. 인생은 최후까지 최선을 다해야 하는 경주다. 오늘 하루가 당신의 최후의 하루인 것처럼 선善을 찾으며, 그 순간에 만나는 모든 것을 좇으며 살아야 한다.

자기 관리 철학자 노먼 빈센트 필 박사는 이렇게 말했다.

"성공하는 가장 확실한 방법은 당신의 순간을 오늘 하루에 집결시키는 것이다. 인생이라는 긴 여정도 하루하루가 쌓여 있는 것이다. 인생은 작은 기쁨들로 이루어진다. 큰 성공은 쉽게 이루어지지 않는다. 큰 것은 별 의미가 없다. 하루하루 충실하게 이루어지는 성공이 참으로 위대한 성공이다."

진정한 승리자는 총체적인 인격을 오늘 하루라는 도면에 그린다. 그들은 자신을 찾아내는 법을 배우고, 시간을 아는 것을 배우고, 그래서 과거로부터 교훈을 얻고 가까운 미래를 설계하며 가능한 한 오늘 하루에 충실한다. 이것이 실천력을 배양하는 길임을 그들은 안다.

실천력만이 믿을 수 있는 희망이다

_조지 그로트

카이사르, 나폴레옹, 카네기, 포드 같은 위인들에게는 실천력 외에도 여러 가지 뛰어난 역량이 있었다. 기획력, 통솔력, 발상력에서도 뛰어났으며, 앞을 내다보는 선견력, 결단력도 뛰어났다. 그들의 위업에는 이 같은 여러 가지 성공 요인이 서로 상승작용을 했다. 확실히 단순한 실천력만의 문제는 아니다.

그러나 발상력이라든가 통솔력, 선견력 같은 것은 훈련이나 자기 계발로 손쉽게 얻을 수 있는 것이 아니다. 천부적인 자질이 영향을 미치기 때문이다.

그에 비하면 실천력은 후천적인 요소가 강하며 또한 몸에 익히기에 힘든 것도 아니다. 하고자 하는 마음만 있으면 누구나 할 수 있으며, 보통 사람이 성공할 수 있는 가장 핵심적인 요소라고 할 수 있다.

미국을 대표하는 산업 자본가로 성장한 앤드루 카네기에게도 천재적인 재능은 한 조각도 없었다. 다만 근면했을 뿐이며, 실천력이 있었을 따름이다.

바로 그런 점에서 카네기는 "보통 사람이 성공하는 데는 근면과 실천력밖에는 없다"고 말했다. 실제로 실천력만이 성공의 유일한 열쇠인 것이다.

실패는 일종의 비료다

_페릭스 바이제

 실패를 두려워하면 실천력이 떨어지게 마련이다. 실패를 두려워하지 않아야 과감하게 도전할 수 있다.

'실패하면 어떻게 하지? 결국 지금 가진 것조차 잃게 되는 것은 아닌가?' 하고 걱정하기 시작하면 아무것도 할 수 없게 된다.

실패가 두렵고, 지는 것이 무서워서 싸움을 피하다간 당신의 인생은 뒷걸음질만 하게 된다. 대체로 성공한 사람이란 실패를 하지 않은 사람이 아니라 오히려 수많은 실패를 경험하고도 자기가 걸려 넘어진 그 실패를 도약의 디딤돌로 삼은 사람들이다.

실패한 사람은 같은 실패를 두 번 되풀이하지 않는다. 한 번 고통을 당했으니 전철을 밟지 않으려 하는 것이다. 그런 의미에서 실패자는 안전하다. 발에 걸려 쓰러지게 한 그 돌을 도약의 발판으로 삼을 수 있으므로 실패 경험이 없는 자보다 유리하며 성공 확률이 높아지는데도 불구하고 몸을 움츠린다.

성공자는 모두 실패의 경험을 가지고 있다. 바꾸어 말하면, 실패를 겪어보지 못한 사람은 성공하기 어렵다. 따라서 될 수 있으면 젊었을 때 실패의 경험을 갖는 것이 좋다.

그런 마음가짐으로 실천하면 실천력이 생기며, 무엇을 하든 못할 일이 없다.

남의 눈이나 입에서 자기를 해방시켜라

_카를 힐티

 어느 날, 헬렌 켈러가 에디슨을 찾아왔다. 에디슨이 헬렌 켈러에게 말했다.

"귀가 들리지 않는 것은 좋은 일이오. 이를테면 높은 성벽을 주위에 둘러쌓은 것과 같아서 누구에게도 방해를 받지 않고 자기만의 세계에 살 수 있으니까요."

그러자 헬렌 켈러는 정색을 하고 이렇게 말했다.

"만약 제가 당신 같은 위대한 발명가라면 전 세계의 귀먹은 사람들을 위해 들을 수 있는 기계를 발명하겠습니다."

사실 에디슨은 자기 마음의 소리에만 충실했고, 남이 자기를 어떻게 보든, 무엇이라고 하든 전혀 신경 쓰지 않았다. 그래서 그는 위대한 발명가가 되었는지도 모른다.

남의 눈이나 입을 염려하면 실천력은 위축된다.

'이상하게 보이지는 않을까?'

'웃음거리가 되는 것은 아닐까?'

이렇게 두려워하다가는 앞으로 내딛지 못하고 만다. 마음먹고 행동하려면 제일 먼저 남의 이목이나 입에서 자기를 해방시켜야 한다. 그것이 실천력을 기르는 방법이다.

뛰면서 생각하라

"먼저 뛰어라. 뛰면서 생각하라."

확실히 행동 그 자체의 유효성을 생각한다면, 이러한 처신은 변칙적이고, 그 행동에 소기의 성과를 기대하기가 힘들다.

대체로 사람이 행동을 시도할 때는 일정한 목적이 있다. 그 목적이 달성되었을 때 비로소 행동은 유효하며 목적을 달성하지 못했을 때는 그 행동은 아무 가치도 없는 것이 된다.

그러나 실천력, 행동력이 부족한 사람에게는 이렇게 하는 것이 제일의 묘약이다. 뛰면서 생각하는 습관을 붙이면 실천력, 행동력이 몸에 붙으며, 그 나름대로 잠재력을 발휘하게 하는 효과도 있다. 나태하고 소극적이며 적극성이 없는 성격을 교정할 수도 있다.

돌다리를 두들기는 것만이 능사는 아니다. 생각만 반복하고 또 이런 자세가 습관이 되어버리면 돌다리를 두들겨 보고도 다리를 건너가지 못하게 된다. 우선 시작하고 달리면서 생각하는 것이 좋다.

필사적으로 생각하면 어딘가에서 해결의 실마리를 포착하게 된다. 소극적으로 생각만 하는 이성적인 타입의 인간에게는 이것은 참으로 바람직한 방법이다.

뛰면서 생각하라.

가능한 목표에 도전하라

성공은 많은 공포와 불쾌감 후에 따라온다.

_베이컨

자신의 힘으로 달성이 가능한 목표를 세울 때 실천력이 솟아난다. 자신의 능력에 지나친 목표를 정했을 때는 자연히 실천력이 떨어진다.

신선이 되어서 하늘을 날고 싶어 하는 한 젊은이가 있었다. 그는 신선이 하계로 내려온다는 장소 근처에 오두막을 짓고 수업에 열중했다. 21일간 술과 밥을 끊고 훈련을 쌓으면 신선이 될 수 있다고 들었으므로 젊은이는 단식을 계속했다. 그러다가 공포와 피로로 쓰러져 깊은 잠에 빠졌다. 며칠 동안 잤는지도 헤아리지 못한 채 눈을 뜬 젊은이는 예정된 수업이 끝났다고 생각하고 오두막에서 기어나왔다. 그러고는 절벽 끝에 양팔을 벌리고 서서 크게 숨을 들이마시고는 공중으로 몸을 던졌다. 보기 좋게 날았다고 생각하는 순간 젊은이는 벼랑 아래로 떨어져 즉사하고 말았다.

자신의 능력을 파악하지 못하고 지나치게 높은 소망을 가졌을 때 그 결과는 비참할 수밖에 없다. 자신의 능력이나 힘에 맞는 목표를 세울 때 실천력이 솟아난다. 불가능한 목표를 세웠다가 실패하게 되면 패배감과 무력감에 빠진다. 또 이러한 좌절과 실패를 되풀이하다 보면 지독한 패배 심리에 물들어 급기야 무능력의 포로가 된다.

오늘 자신의 목표가 과연 달성할 수 있는 것인지를 확인해보자.

열중하면 싫던 일도 좋아진다

_알랭

 싫은 일은 하지 마라. 싫은 일은 오래 계속할 수가 없다. 그러니까 좋아하는 일을 하는 것이 제일이나.

그러나 싫은 일도 하지 않으면 안 될 때가 있다.

중학생이나 고등학생의 공부가 그 좋은 예로, 싫지만 공부는 해야만 한다.

샐러리맨들도 마찬가지다. 일이 좋아서 못 견디겠다는 사람은 그렇게 흔하지 않다. 오히려 "지금 일은 적성에 맞지 않는다"고 하면서도 사정상 회사를 그만둘 수 없기 때문에 투덜거리면서도 출근을 하는 사람이 적지 않다.

싫은 일을 계속하지 않으면 안 되는 것처럼 참혹한 일은 없다.

그러면 그런 환경 속에서 자기 자신을 망치지 않고, 오히려 자신을 살리기 위해서는 어떻게 하면 좋을까? 싫은 일을 좋아할 수 있도록 노력하는 길밖에 없다.

성격에 맞지 않는 일도 철저하게 해보는 것이 좋다. 싫은 일일수록 맹렬하게 해보는 것이 좋다. 그러면 싫던 일도 좋아질 수 있다. 어쨌든 싫은 일도 오래 계속하려면 이 방법밖에 없다.

오늘 당신이 하는 일이 싫거든 더욱 열심히 해보라.

상賞과 지위를 그려보라

생각은 같은 종류의 것을 창조한다는 말이 있다.

인간이 가진 잠재의식의 문제는 최근 각 방면에서 논의되고 있으며, 그에 대한 연구서도 많고, 그 위대한 힘과 성질, 특징이 낱낱이 밝혀지고 있다. 자기암시법의 창시자 에밀 쿠에는 잠재의식이 질병의 치료에 어떻게 기여하는지 많은 예를 들어 설명하고 있다.

조셉 머피는 잠재의식을 '만능의 배'에 비유했으며, 그것이 인간을 살리기도 죽이기도 한다는 것을 구체적으로 예시했다.

잠재의식을 이용하려면 먼저 소망을 시각적인 이미지로 만들어 마음 깊은 곳에 집어넣어야 한다. 선명한 이미지일수록 잠재의식에 받아들여지기가 쉽다. 잠재의식에는 의식하는 마음으로부터 보내지는 것을 취사선택한다든가 판단하는 능력이 없으며, 그것이 최대의 장점이기도 하다. 따라서 해석이 필요한 말보다는 자기의 염원을 '그림'으로 만들어 마음속에 심는 것이 제일 좋은 방법이다.

어떤 일에서든지 '이 계획이 달성되면, 이렇게 된다'는 구체적인 이미지를 마음속에 그리고 그 그림을 계속 갖고 있어야 한다. 잠재의식이 그 그림을 받아들이면 계획은 틀림없이 달성된다.

당신이 바라고 있는 것이 무엇이든 그것을 마음속에 그림으로 집어넣어라.

사물을 밝게 생각하라

_알랭

실천력을 배양하고 또 실천 효과를 높이기 위해서는 마음의 자세를 진향적으로 갖는 것이 중요하나. 그리고 사물을 항상 밝게 생각하는 것이 필요하다. 불길하고 어두운 생각은 떨쳐버리고 대신 밝고 건강한 생각으로 마음을 가득 채워야 한다.

도요토미 히데요시가 점쟁이에게 손금을 보여주었다.

"좋지 않은 상이야. 도저히 출세는 바랄 수 없는데……."

점쟁이가 눈썹을 모으면서 말하자 그는 출세하려면 손금이 어떻게 생겨야 하느냐고 물었다. 점쟁이가 이런저런 선이 있어야 한다고 말하자, 그는 조그마한 칼로 점쟁이가 말한 선을 손에다 팠다. 그러고는 "이렇게 하면 되겠군. 내 출세는 이제 의심할 여지가 없지"라고 호언하여 점쟁이를 경악하게 만들었다.

뭐라고 형언할 수 없는 과감성, 적극성이 그에게는 있었다. 그는 '그래, 나는 그런 팔자군' 하고 돌아서지 않았던 것이다.

역시 성공한 인간은 다르다.

불행한 일이 생기더라도, 어둠과 불행한 예감이 일더라도 그 어둠에 눌려 눈물을 흘려서는 안 된다.

일단 발을 내딛었으면 뒤를 돌아보지 마라

_니체

살다 보면 할 것인가 안 할 것인가를 망설이게 될 때가 있다. 두 갈래 길이 있는데, 어느 쪽으로 갈지 망설여질 때도 있다. 판단이 어려워 갈피를 못 잡게 되고 아무리 생각해도 결론이 나오지 않을 때는 도대체 어떻게 해야 할까?

피에르 가르뎅은 고등학교를 졸업하고 양복점에서 일하고 있었다. 제2차 세계대전이 시작되어 프랑스는 나치 독일의 점령하에 있었다. 프랑스가 해방되자 그는 징용에서는 풀려났으나 방향을 잡지 못하고 헤매었다. 이대로 월급쟁이를 계속할 것인가, 디자이너가 될 것인가, 결정을 내리지 못한 것이다. 파리에 도착했을 때 그의 주머니에는 두 장의 서류가 들어 있었다. 하나는 파리 적십자사로의 전근 발령장이었고, 다른 한 장은 디자이너 크리스티앙 베라르에게 보내는 소개장이었다. 파리 거리를 걸으면서도 그는 망설였다. 결국 주머니에서 동전을 꺼내었다.

"앞이 나오면 베라르, 뒤쪽이 나오면 적십자!"

그는 동전을 던졌다.

비록 주사위에 의한 결정이라도 일단 발을 들여놓았으면 다시는 뒤를 돌아보지 말아야 한다.

일에 지배당하지 말고 지배하라

끈을 조절하기를 처음과 같이 하면 실패하지 않는다.
_노자

카네기가 펜실베니아 철도에서 전신 기사로 일하고 있을 때의 일이다. 어느 날 아침 출근을 해보니 열차사고로 대혼란이 일어나 여러 곳의 기능이 마비되어 있었다. 상사는 아직 출근 전이었다. 아무리 찾아도 연락이 되지 않았다. 결국 그는 모든 책임을 지고 사태 처리를 하자고 결심했다.

"죽느냐 사느냐 운명의 갈림길이라고 나는 나 자신에게 타일렀다. 직위를 파면당하고 책임을 지게 될지도 몰랐다. 나는 기계 앞에 앉아서 냉철하게 역에서 역으로의 진행을 주시하면서 신중하게 일을 처리했다."

참으로 훌륭한 일이었다. 파면은 물론 일이 크게 잘못되었다가는 형무소행도 각오해야 할 일이었다. 보통 사람이라면 '권한이 없으니까', '내 일이 아니니까'라고 기피했을 것이다.

그는 13세 때 스코틀랜드에서 미국으로 건너갔다. 그리고 힘든 노동을 했다. 그러나 그는 괴로운 일이나 역경에 지배당해 불평하거나 타락하지 않았다.

일이나 환경에 지배되어서는 안 된다. 일이나 환경을 지배해야 한다. 그런 정신적인 자세로 임하는 것이 중요하다. 일에 대한 실천력은 이런 상황에서 싹트는 것이다.

안목과 선견력을 길러라

 북쪽 나라의 호수 근처 수풀에 작은 새들이 살고 있었다. 새들은 가지에서 가지로 날아다니며 노래했다.

그곳으로 돌연 물새 떼가 날아왔다. 무법자들은 수풀 속에 들어와 작은 새들을 못살게 굴었다. 작은 새들은 겁이 나서 떨었으며 어디론가 이사를 가자고 결정했다.

그러나 한 마리만은 태연스러웠다. 물새들이 오면 고목古木의 구멍 속으로 숨었다가 돌아가면 얼굴을 내밀고 다음엔 가지에서 가지로 즐겁게 날아다녔다.

"너는 이사 안 갈래? 저 무법자들과 함께 있을 거야?"

다른 새들이 묻자 작은 새는 웃으며 대답했다.

"저 새들은 머지않아 다른 데로 갈 거야."

"어째서?"

"이 호수는 곧 얼어붙는다. 얼어붙으면 물새들은 살아갈 수가 없지. 그러니 다른 호수로 갈 거야."

그 새의 말대로 호수가 얼어붙자 물새들은 다른 호수로 날아갔다.

사람은 행동을 하기 전에 우선 눈을 닦아야 한다. 즉, 앞을 내다보는 선견력을 갖고 있어야 하는 것이다.

방향을 바르게 잡아라

_세르반테스 사아베드라

 마차로 여행하는 사람이 있었다. 도중에 잠깐 쉬고 있는데, 부근의 농부가 지나가다가 물었다.

"어디로 가십니까?"

"초楚나라로 가오."

"초나라요?"

농부는 놀라면서 마차를 봤다. 초나라는 남쪽에 있는데, 마차는 북쪽을 향해 있지 않은가.

"그렇다면 길을 잘못 들었습니다. 반대쪽인 남쪽으로 가야지요."

그러나 여행자는 가슴을 내밀면서 대답했다.

"상관없소. 내 말은 보통 말이 아니오. 굉장히 빠른 말이라오."

"아무리 말이 빨라도 이 방향으로 간다면, 아무리 가도 초나라에는 도착하지 못합니다."

"아니, 얼마가 걸리든 상관없소. 여비는 얼마든지 있으니까."

"정신 나간 사람아, 아무리 노자가 많다 해도 그 길로는 초나라에 못 가요."

여행자는 고집을 꺾지 않고 그대로 마차를 달렸다.

사람이 행동을 시작할 때에는 일정한 목적이 있어야 하며, 그 목적을 달성해야 비로소 행동은 유효하게 된다.

'하루쯤이야' 하는 생각을 버려라

_페스탈로치

무릇 계획이란 무리가 없고, 확실하게 실현할 수 있는 것이어야 한다. 자기 능력의 한계를 초월한 것이면, 십중팔구 중도에 좌절한다.

그러나 아무리 여유 있는 계획이라도 날마다 노력을 게을리하거나 여유를 부리다가 한꺼번에 회복하려는 안일한 방법으로는 달성할 수가 없다. 매일매일을 착실하게 살아가는 습관을 붙여야 한다.

계획이란 합리적이며 무리 없이 실천될 수 있는 것, 그리고 하나하나 빠짐없이 착실하게 쌓아갈 때만 의미가 있으며, '하루쯤이야' 하는 생각으로 태만하면, 그 하루가 365일로 이어진다. 이것은 지극히 평범하나 또한 지극히 중요한 법칙이다.

미국의 32대 대통령 프랭클린 루스벨트는 소아마비로 걷는 데 장해를 겪었으나 일광욕과 마사지, 그리고 꾸준한 보행 연습으로 결국 목발에서 해방되었다. 그는 '오늘은 마음이 내키지 않으니'라고 하루라도 태만하면 그 시점에서 계획은 좌절된다고 강조했다.

그 하루가 365일이 되지 않기 위해서는 뭐니 뭐니 해도 하루하루를 쌓아올려야 한다. 그렇지 않으면 실천력은 몸에 붙지 않는다.

오늘 하루에 최선을 다하자.

실천력은 목적의식의 강도에 비례한다

계획을 세우고 실천한다. 그러나 곧바로 좌절하고 "나는 실천력이 부족하다"며 탄식하는 사람이 적지 않다. 어떤 일을 오래 지속하지 못하고 금방 좌절하는 이유 중 하나로 목적의식의 희박함을 들 수 있다. 선명하지 못한 목표로는 실천을 지속할 수 없다.

혼다 이치로가 피스톤링의 연구 개발에 온 정신을 쏟던 시기는 고난, 장해, 좌절, 실망의 연속이었다. 수리공 시절에 저축한 돈이 바닥나 막바지로 몰리면서도 그는 개발을 포기하지 않았다. 단념은 고사하고 자기에게 과학적 지식이 없음을 통탄, 생계를 위해 일을 하는 한편 기술 전문학교에 나가 새벽 두 시까지 공부를 했다.

이렇게 해서 시판할 피스톤링을 만드는 데는 성공했으나 링을 만들어 그중 50개 정도를 골라서 갖고 가면 검사에 합격하는 것은 고작 서너 개에 불과했다. 그는 피나는 노력을 계속했고 결국 피스톤링 생산은 궤도에 올랐다.

인생에 선명한 목표를 부여해야 한다. 태만하고 의지가 약한 사람도 목적의식이 있으면 실천은 지속된다. 목적이 강렬하면 강렬할수록 과감하게 시작할 수 있고 굴복하지 않고 돌진할 수 있다.

냉정한 판단력을 가져라

행동을 시작할 때, 가장 요구되는 것은 뛰어난 판단력이다. 냉정한 판단이야말로 일의 성패를 결정하는 중요한 요소다. 성공자, 승리자라고 불리는 사람들은 예외없이 냉정한 판단력을 갖고 있었으며, 위기에 직면할수록 냉정한 판단을 기초로 하여 행동을 시작한다. 결코 도박을 하는 기분으로 출발해서는 안 된다.

갈리아 총독이었던 카이사르는 '즉시 군대를 해산하고 갈리아 총독에서 물러나, 단신으로 로마로 돌아오라'는 원로원의 명을 받았다. 이에 카이사르는 갈리아에서 자신의 정예부대를 이끌고 로마로 진격하였다.

그는 내전을 피할 수 없는 운명으로 받아들이고 그 결단이 이미 돌이킬 수 없는 것임을 명백히 하고자 병사들 앞에서 "주사위는 던져졌다"는 연설을 하였다.

당시 카이사르의 라이벌인 폼페이우스는 국가방위의 전권을 원로원으로부터 위임받고 있었으며 정부의 군기를 높이 들고 전 로마 군대를 동원할 기세였다. 그런 뒤에 거사를 해봐야 국가 반역죄의 오명이나 쓰게 될 뿐 사기는 떨어지고 전투의 승리는 의심스러워질 것이었다. 그렇게 되기보다는 적은 수의 군대이지만 신속하게 행동하여 결정적인 기회를 포착하는 편이 낫다고 판단하고 주저없이 진군한 것이다.

카이사르가 던진 주사위는 흥하느냐와 망하느냐의 도박이 아니었다.
혈기에 차 부리는 만용도 아니었다. 냉정한 판단과 치밀한 계산에 의
한 것이었다.

수단에 속임수를 쓰지 마라

고통의 감각을 괴로워 마라.
고통과 고뇌는 우리의 육체를 유지하는 데 없어서는 안 될 조건이다.

_톨스토이

 어떤 사람이 병에 걸려 의사에게 갔다. 자세히 진찰을 한 의사가 말했다.

"걱정할 필요 없어요. 약을 먹으면 곧 회복됩니다."

그래서 그는 약방으로 가 처방대로 약을 지어 의사가 시킨 대로 복용했으나 병이 낫기는 커녕 점점 더 악화되었다.

화가 난 그 사람은 다시 진찰을 받았으나 달라진 부분이라곤 없었다. 의사는 환자의 집으로 가 약봉지를 조사해보았다. 거기에는 자기의 처방과 전혀 다른 약이 들어 있었다. 의사가 탄식하면서 말했다.

"이거 참, 아무리 진찰을 잘해도 약방이 엉터리라면 나을 병이 어디 있겠는가!"

이와 마찬가지로 목적이나 목표가 뚜렷하고 정당해도 수단에 잘못이나 속임수가 있으면 목적을 달성할 수 없다.

좋은 목적에는 좋은 수단이 따라야 한다는 사실을 오늘 다시 한 번 마음에 새기자.

자기의 리듬을 최고로 유지하라

_존 헤이

 인생에는 각자 나름대로의 리듬이 있으며, 사물의 성패에는 리듬이 큰 영향을 미친다.

장사에도 거부가 될 때와 파산할 때의 리듬이 있는 법이다. 그러므로 발전할 때의 리듬과 쇠퇴할 때의 리듬을 잘 분간해야 한다.

생활 자체에도 리듬이 있다. 리듬을 갖도록 노력해야 한다. 이때 가장 중요한 것은 서두르지 않는 것이다. 초조해하면 할수록 진흙탕에 빠지게 되며 구제 불능이 된다.

리듬을 회복하기 위해 노력하라.

하루에 최선을 다하라. 그러나 초조하게 하지는 마라.

이것이 인생 철학의 기본이다.

일반적으로 사람은 리듬이 깨어지면 초조해서 더욱더 리듬이 흐트러지며, 끝내는 약이 올라서 자기 자신을 멸망케 한다. 이래서야 만사가 잘될 리 없다.

항상 리듬을 염두에 두고 최상의 리듬을 유지해야 한다.

이것이 성패의 결정적인 요인이며, 실천 효율을 높이는 최대의 비결이다.

계획은 시계추처럼 탄력성 있게

자신감을 가지라는 것은
인생을 적극적인 면에서 포착하라는 의미다.

_노먼 빈센트 필

심리학에 '시계추 운동'이라는 용어가 있다. 자기는 이 정도면 성공하리라, 이 정도는 하고 싶다고 자기 자신에게 기대하고 분발하는 높이를 요구 수준이라고 하는데, 일반 사람들은 처음에는 높은 레벨의 요구를 하다가 자기 능력이 미치지 못하는 것을 보고는 레벨을 낮추었다가 또 조금 올리고, 또 조금 낮추는 시계추 운동을 되돌이하면서 적절한 레벨을 선택하게 된다는 얘기다. 이 시계추 운동을 계획에 도입한 것을 시계추 계획이라고 하며 중기 계획을 수립할 때에 하나의 참고가 된다.

'시계추 계획'에 따라 계획을 세울 때에는 홀수 달에는 높은 비중을 두고 짝수 달에는 낮게 한다. 즉, '시계추 운동'을 이용하여 균형을 취함으로써 계획을 더 쉽게 실천할 수 있도록 하는 것이다.

실제로 1년의 계획을 너무 빡빡하게 세울 경우 도중에 움직일 수 없게 되어 좌절하기가 쉽다. 좌절은 곧 자신감 상실을 부른다.

그러나 지나치게 천천히, 완만하게 계획을 정하면 마음의 자세가 하향적이 되며 매사를 소극적으로 처리하게 되고 결국 나태한 습관까지 만들게 된다.

중기 계획은 '시계추 운동'의 원리를 이용하여 세워야 한다.

조직의 목표를 내 계획으로

_윌리엄 해즐릿

 샐러리맨은 항상 기업의 의사에 따라 움직인다. 회사의 경영 현황이나 경영 방침 또는 경영 목표가 자기 의사에 맞지 않는다고 해서 거부할 수는 없다.

그러면 회사의 경영 목표 또는 부분 목표가 자기 의사와 어긋날 때는 어떻게 해야 할까? 가장 좋은 방법은 그 일을 자기 목표 속에 받아들여 목표를 적극적으로 끌어나가는 것이다.

샐러리맨생활을 계속하는 이상 조직 목표를 자신의 장기 목표 속에 받아들여 조직이 원하는 일을 자기 전략에 짜넣을 수밖에 없다. 조직의 계획을 자기 계획 속에 포함시켜 자기 나름의 계획으로 다시 세워야 한다.

인간의 심리에는 그렇게 되고 싶다고 되풀이하여 생각하면 실제로 그렇게 되는 경향이 있다. 무리하게라도 재미있다고 생각하면 점점 흥미가 생긴다. 따라서 곤란한 일이라 하여 도피하지 말고 그 일을 직시해볼 필요가 있다. 그리고 그 일이 자기에게 도움이 되는 점을 열거해본다. 그러면 지금까지 생각하고 있던 것과는 딴판으로 새로운 매력이 있음을 발견하게 될 것이다.

회사가 명하는 일을 자기의 전략 속으로 끌어들여 이에 몰두하면, 자연히 그에 필요한 적성과 능력도 개발된다.

마법의 지팡이를 사용하라

_윌리엄 셰익스피어

 행동 과학 조직 이론의 대표적인 학자인 R. 리카아도는 『경영의 행동 과학』이라는 책에서 이렇게 말하고 있다.

'종업원은 상사의 언동이 호의적이고 자신의 가치를 높이 평가하고 있다고 느낄 때, 비로소 호의적으로 반응하고 집단의 목표를 향해 행동할 동기를 갖게 된다.'

즉, 부하는 상사가 자기의 가치를 알아주고 자신의 행동을 칭찬해줌으로써 한층 분발하여 집단을 위해 적극적으로 행동한다는 얘기다.

철강 왕 앤드루 카네기의 한쪽 팔 역할을 한 찰스 슈왑도 그랬다. 그는 사람을 잘 쓰기로 이름이 높았다.

"나는 결코 사람을 비난하지 않는다. 마음에 드는 일을 하면 충분히 칭찬한다. 누구나 잔소리를 들으며 일하기보다는 칭찬을 들으며 일하기를 즐긴다. 그럴 때 열심히 하게 된다."

옛부터 칭찬은 마법의 지팡이라고 하였다. 이 마법의 지팡이야말로 사람을 움직이게 하는 원리다. 자존심과 우월감을 만족시키고, 부하의 실천력을 도출시키는 열쇠가 바로 이것이다.

지위와 실천력은 반비례한다

 남다른 재능을 가진 사람으로 알려진 경영자는 모두가 훌륭한 실천가였다. 그들에게는 강인한 의지력과 활력이 있었다. 그런데 그들이 스스로 실천력을 최대한 발휘한 것은 일정한 시기에 불과했다. 솔선수범하여 부하를 분발시키고 같이 행동할 수 있었던 것은 소규모의 기업 집단을 형성하고 있던 시기뿐이었다.

기업 조직이 확대됨에 따라 그들은 스스로 직접적인 실행을 억제하고, 조직 전체를 지휘하는 사령관이 되어야 했기에 제일선에 서는 것을 포기하지 않을 수 없었다. 기업 집단의 힘을 유효하게 발휘하기 위해서는 그 기업 전체를 통제하는 자리에 앉아 전체를 보는 눈이 되고, 두뇌가 되지 않을 수 없게 된다. 따라서 사람 위에 서는 사람은 자기 행동을 억제하고 부하의 실천력을 최대한 끌어낼 수 있어야 한다.

그러면 최고 자리에 있는 자는 어떻게 집단의 실행 효과를 높일 수 있는가? 자기의 행동을 억제하면서 조직의 각 구성원의 실천 에너지를 높이려면 어떻게 해야 하는가?

무엇보다도 확신에 찬 태도를 보여야 한다. 사람 위에 서려면 무엇보다 확신 있는 태도를 가져야 한다. 그래야 부하들도 믿고 움직일 수 있다.

본질적인 욕망을 자극하라

_톨스토이

 하느님이 욕심이 없는 인간을 찾으려고 땅에 내려왔다. 처음 만난 사람 앞에서 하느님은 조그마한 돌멩이를 금으로 변하게 하고 물었다.

"이게 갖고 싶지?"

그러자 남자는 눈빛을 바꾸며 대답했다.

"갖고 싶지요. 그런데 기왕이면 좀 더 큰 것으로 주십시오."

다른 사람과 만났을 때, 하느님은 큰 돌을 금으로 변하게 했다. 그러나 그 남자도 더 큰 것을 원해 하느님을 실망시켰다.

세 번째 사내를 만났을 때, 하느님은 더 큰 돌을 금으로 바꿔놓았다.

"어때? 이게 갖고 싶지?"

그런데 사내는 고개를 흔들며 필요 없다고 대답했다. 하느님은 더 큰 돌을 금으로 바꿨다. 사내는 그래도 고개를 좌우로 흔들었다. 하느님은 기뻐서 그 사내를 선인으로 만들고자 했다. 그때 사내가 말했다.

"저에게 돌을 금으로 만드는 그 손재간을 주세요."

인간은 본질적으로는 이기주의적 존재이며, 욕망의 동물이다. 다시 말해 그것이 행동의 동기이며 활동의 원천인 것이다. 사람을 움직이는 데는 그 욕망을 자극하는 것이 포인트가 된다.

리더십을 유효하게 사용하라

부하를 움직여 조직의 실천 효율을 높이자면 자연히 리더십의 문제가 부각된다. 물론 조직이라 해도, 그곳에는 무수한 변수가 있어 좋은 리더의 조건도 그에 따라 달라진다. 리더의 행동상의 스타일이나 그 적부適否를 한마디로 말할 수는 없다.

리더와 조직 구성원의 관계가 극히 양호하든가 아니면 극히 불량한 때, 또는 권한이 강대하든가 아니면 미약한 경우에는 전제적, 권위주의적인 과업 지향형의 리더가 업적을 올린다. 공식 권한이 중간이고 리더와 조직 구성원과의 관계가 보통인 때는, 민주주의적, 집단 유지적인 관계 지향형의 리더가 실천 효율을 올릴 수 있다.

부하가 무능하고 관리자가 유능한 경우, 실천 효율을 높이려면 과업 지향형이 되지 않을 수 없으며, 반대로 관리자도 부하도 유능한 때에는 관계 지향형으로 되어야 업적을 올릴 수 있다.

또한 같은 조직체 안에서도 근육노동의 작업 집단, 지적노동 집단, 자동화 공정에 따라 요구되는 리더십의 내용도 달라지며, 동일한 리더십으로 같은 효과를 올린다는 것은 불가능하다. 즉, 효과적인 리더십은 조직의 구조, 궤도, 일의 성질 등 종합적인 상황에 따라 결정된다.

'이것쯤이야' 하는 마음

_알렉산데르 푸슈킨

 어떤 사람이 마을에서 멀리 떨어져 있는 황무지를 개간하기 위해 땀을 흘렸다.

그 땅은 돌멩이가 아주 많은 박토였다. 부근 농사꾼들은 그를 보고 "바보 같은 사람이군. 저런 황무지에서 곡식이 어떻게 자란다고!" 하고 조소를 보냈다.

그런데 몇 년 후 개간지의 곡물은 풍요롭게 익어갔으며 다음 해에는 그 동네에서 가장 높은 수확을 주었다. 동네 사람들은 놀라서 그에게 물었다.

"도대체 어떤 비료를 썼지요?"

그는 웃으면서 대답했다.

"특별히 비료 같은 건 안 주었어요. 당신들과 다른 것이 있다면 '이것쯤이야' 하는 비료를 많이 주었을 뿐이지요."

누구든지, 무엇을 하든지 '이것쯤이야' 하는 자신감이 있어야 성공할 수 있다. 일에 압도되어 겁을 먹는다면 성공할 수 없다.

누구에게나 '이것쯤이야'는 실천력을 육성하는 가장 좋은 비료다.

자존심에 속박당하지 마라

 '자존심과 실천력은 같은 그릇에 들어 있다. 자존심이 강하면 그만큼 실천력이 적어진다.'

이것은 일본의 속담이다. 자존심과 실천력은 반비례하며, 자존심이 강한 사람은 실천력이 결여되어 있고, 실천력이 있는 사람일수록 자존심에 구애받지 않는다는 것이다.

참으로 곱씹을 만한 말이다. 틀림없이 실천력이 있는 사람은 부끄러움이나 남의 이목 따위에 집착하지 않으며, 목적 달성을 위해서는 자존심 같은 것은 주저없이 내버린다.

볼테르는 "형편없이 큰 자존심은 보잘것없는 인색한 인간이 갖고 있다"라고 말했다. 겁이 많고 무기력하며 무능한 사람일수록 체면이나 소문에 구애를 받는다.

'허세를 부리지 말고 우산을 펴라'라는 일본 속담이 있다. 정말 옳은 말이다. 자존심에 집착하여 구속받다 보면 실천력은 위축될 뿐이다.

당신도 자존심 같은 것은 집어던지고 실천력을 배양하라. 그래야 성공할 수 있다.

오늘 하루 자존심을 내세워 실천하지 못한 일은 없는지 반성해보자.

Part 9.
창조력에 대하여

ONE MINUTE
SPECIAL LECTURE
for People who is Preparing for Wonderful Future

창조적인 삶을 영위하라

여기서 말하는 창조란 예술 분야에서 특별한 기술이나 문화적 창조 행위에서 사용되는 창조가 아니다. 세상의 어떤 일에서든지 스스로 행동할 수 있는 개인의 능력을 말한다. 어떤 일을 할 때, 또 어떤 문제를 해결할 때 남의 의견을 듣지 않고 독자적으로 스스로 결정하는 것을 말한다.

풍요로운 삶을 영위하는 사람은 창조적으로 생활에 임하기 때문에 어떤 상황에서도 패하지 않는다.

창조적인 사람은 주어진 환경에서 어떻게 멋있게 살 것인가를 생각한다.

창조적이지 않은 사람은 생동감이 없기 때문에 시간과 정력을 낭비하지만, 창조적인 사람은 주변 상황을 새롭게 변화시키고 하잘것없는 것에서도 의미를 찾아낸다.

이런 창조적인 사람은 여러 개의 선택권이 있음을 알고 마음에 드는 방법을 모색한다.

내일을 위해 준비하라

_그리어슨

창조적인 삶은 내일을 위해 준비하고 계획하는 삶이다. 저녁이 되면 오늘 하루는 끝이 나고 내일이라고 하는 새로운 날을 맞이하게 된다.

내일은 굉장한 날이다. 그러나 내일이 굉장한 날이 되기 위해서는 오늘 많은 노력을 기울여야 한다.

내일이 굉장한 날이 되기 위해서 당신은 오늘 얼마만큼 노력을 했는가? 보람 있는 날이 되도록 하기 위해서 어떤 목표를 세웠는가?

내일을 위해서 오늘 최선을 다하라. 눈을 감고 목표를 향하는 자신을 생각해보라.

만일 당신의 어제가 실패한 하루였다면 내일을 위해서 오늘 최선을 다하라. 내일이 어제처럼 꿈에도 생각하기 싫은 날이 되지 않기 위해서는 부과된 오늘의 일에 최선을 다해야 한다.

오늘, 내일 성공한 당신의 이미지를 마음속에 그리면서 열심히 일하라. 그것이 곧 내일을 위한 준비다.

패배자의 변명을 듣지 마라

인간의 행복 원리는 간단하다. 불만에 속지 않으면 된다.
어떠한 불만으로든 자신을 학대하지 않는다면
인생은 즐거운 것이다.

_버트런드 러셀

세상에는 창조적으로 살 생각은 하지 않고 좌절하거나 자포자기하여 스스로 우울한 생활을 하면서 온갖 핑계를 대는 사람들이 많다. 이들의 변명이란 뻔하다.

"내가 할 수 있는 일은 없다."

이런 식으로 생각하고 행동한다면 언제까지고 성공하기란 어렵다. 진정 성공을 원한다면 무엇에든 도전해보아야 한다. 거기에는 당연히 시행착오가 따른다. 시행착오가 두려워서 아무것도 하지 않는 사람은 참으로 어리석다.

'나로서는 불가능하다'는 사고방식을 버려라. 무엇이든 할 수 있다고 생각해야 한다. 그래야만 모든 문제에 용감히 대처할 수 있다. '할 수 없다'는 부정적인 사고방식은 무엇을 해도 당신 뜻대로 되지 않도록 만든다.

꾸준히 시도하고 움직여라. 반드시 성공할 수 있으며 뜻한 바를 이루게 될 것이다.

"세상이 다 그렇지!"

이런 변명은 대개 자신으로서는 그런 상황을 바꿀 수 없다는 나약한 생각에서 나온 것이다. 모든 환경은 인간이 만든 것임을 아는가? 시도하고 또 도전하라.

자신감과 창조력

_소포클레스

 성공하기 위해서는 스스로에 대한 자신감이 우선되어야 한다. 본서를 통해서 수십 번 되풀이한 말이다.

자신감이 없을 때는 창조력도 발휘되지 않는다. 자신감이란 자신의 모든 능력을 믿는 것이며, 자신의 능력을 믿을 때 비로소 창조력이 나타난다.

자신의 능력 범위 내에서 자신감을 갖지 않으면 당신은 성공할 수 없다. 올바른 자신감이 성립되었을 때, 성공을 향한 계단에 당신의 발을 내딛을 수 있는 것이다. 당신이 그 일에 적합하지 않다거나 부족하다고 생각되면 어떤 일도 성취할 수 없고 성공할 수도 없다. 자신감은 목표를 달성하는 첫 단계다.

많은 사람이 자신의 재능을 과소 평가하여 고생을 자초한다. 큰일을 할 수 있음에도 불구하고 자신감의 결여로 인해 능력을 최대한으로 발휘하지 못한다. 열등의식에 사로잡혀 있는 것이다.

열등의식이란 무엇인가? 그것은 삶의 전장戰場에서 겁을 먹는 것이다. 즉, 열등의식은 '자기 의심'이며 당신의 잠재력을 가로막는다. 이것은 당신이 성장하면서 겪은 어떤 불행이나 혹은 어떤 환경의 영향으로 생긴 굴욕적인 감정이다. 열등감을 제거하는 최선의 무기는 자신감이다.

더 나은 내일을 위해

인간으로서 고뇌에 복종하는 것은 치욕이 아니다.
오히려 쾌락에 복종하는 것이 치욕이다.

_파스칼

성경은 우리에게 겨자씨만 한 믿음만 있어도 산을 옮길 수 있다고 가르친다. 겨자씨만 한 신념이 점차 커져서 확신이 되고, 그것을 실행하면 우리는 상상 외로 많은 것을 얻을 수 있다는 의미의 교훈이다.

플루타르크 영웅전에 이런 말이 있다.

"가난 그 자체는 불명예가 아니다. 문제는 그 가난의 원인이다. 게으름, 의심, 방심, 어리석음, 용기 부족……. 이 중 하나라도 해당된다면 진실로 수치로 여겨야 한다."

자연은 근면하고 정의로운 마음으로 자신의 능력을 최대한 발휘하는 사람에게 모든 재산과 명예와 값진 어떤 것을 안겨준다.

우리는 삶을 풍부하게 살 수 있다. 그러기 위해서는 시야를 넓혀야 한다. 그리고 실패에 연연하거나 하찮은 생활에 만족하는 옹졸한 마음을 버리고 더 나은 내일을 위해 오늘을 창조적으로 살아야 한다.

우리는 성공을 생각해야 하고 성공을 느껴야 하고 성공하기 위해 일해야 한다. 우리의 사고와 행동의 범위를 확대해야 한다.

에머슨은 이렇게 말했다.

"사람은 풍부하게 살도록 창조되었다."

우리는 가난과 걱정과 채무 속에서 살도록 창조되지 않았다.

노력 없이는 문제 해결은 없다

_몽테뉴

 지금 당신을 괴롭히고 있는 것은 무엇인가? 시험의 실패인가, 사업의 패배인가? 아니면 사랑의 배신인가?

만일 당신이 시험에 실패한 낙방생이라면 좀 더 열심히 공부하라. 그리고 공부하는 방법과 시험을 치르는 요령도 터득해야 한다.

사업상의 재기를 꾀하려면 지금 당신이 갖고 있는 유형·무형의 자산을 어떻게 활용할 것인가를 생각해야 한다.

어떤 집의 난방 장치가 고장이 났다. 보일러 수리공은 수리대금으로 무려 300달러를 청구했다. 집 주인은 놀라며 어디가 고장이 났기에 수리비가 그토록 비싸냐고 물었다. 그러자 수리공은 볼트 하나가 제대로 안 되어 있었다고 대답했다. 집 주인은 어이없다는 표정으로 겨우 볼트 한 개를 갈아 끼우는 데 300달러나 받느냐고 항의했다.

그러자 수리공은 이렇게 대답했다.

"볼트 값은 5센트밖에 청구하지 않았습니다. 나머지 299달러 95센트는 어디에 고장이 났는가를 찾아낸 대금입니다."

고장난 곳을 찾아내는 것이 바로 수리의 키포인트였던 것이다.

우리 인생도 마찬가지다. 무엇이 문제인가, 그것을 찾아내는 것이 가장 중요하다.

10퍼센트의 차이와 그 결과

_브라우닝

 "사람과 사람의 차이는 그렇게 크지 않다. 그러나 그 차이가 인생의 승자와 패자를 만든다."

동양 격언이다.

당신이 현재 하고 있는 일에서 지금보다 10퍼센트의 노력을 더 기울인다면 그 결과가 어떨까?

타율이 25퍼센트인 야구선수와 35퍼센트인 야구선수의 차이는 무엇일까?

우선 생각할 수 있는 것이 연봉의 차이다.

그러면 인생에서 10퍼센트의 차이는 어떤 결과로 나타날까?

- 성실함과 불성실함
- 강함과 약함
- 부지런함과 게으름
- 유능과 무능

결국 성공과 실패는 이 10퍼센트의 차이로써 결정이 나는 것이다. 지금보다 10퍼센트만 더 노력한다면 범용의 세계에서 훨씬 더 높은 곳으로 당신은 끌어올려질 것이다.

적극적으로 밀고 나가는 사람이 되라

_귀스타브 플로베르

어느 회사에 한 소년이 근무하고 있었다. 그는 늘 자기가 할 일이 없을까 하고 눈을 번뜩이고 있었다.

출납계가 바빠지면, 그 소년은 즉시 출납계로 달려가서 "제가 할 수 있는 일은 없습니까?" 하고 묻는다.

계장이나 직원이 무엇을 시키면, 단지 그 일에서 그치지 않고 그 이상 할 일을 찾아서 한다.

출납계 직원들은 그의 그런 태도를 기특하게 생각하여 시간이 있을때마다 장부의 기장 방법과 회계 원리를 가르쳐주었다. 그렇게 1년이 지난 후 그 소년은 출납계의 대리를 맡아볼 수 있게 되었다. 그 사람이 후일 뉴저지스탠더드오일의 사장이 된 존 데이비슨 록펠러다.

세상에는 그처럼 무엇이든 적극적으로 밀고 나가는 사람이 있는가 하면 가능한 한 움직이지 않고 시키는 일만 받아 마지못해 하는 사람도 있다.

성공자들은 어쩔 수 없이 일하는 것이 아니라 자기 스스로 행동하는 적극적인 사람들이다.

당신은 현재 하고 있는 일에 대해 열의가 있는가? 그러면 당신도 성공자가 될 것이다.

아이디어를 얻으려면

목표와 방향이 뚜렷하지 못할지라도
그날 자기의 일을 충실히 해나가는 사람은 절로 길이 열린다.
_조지 그로트

 『창조력을 길러라』의 저자 알렉스 오스본은 아이디어를 창출하려면 다음과 같이 해야 한다고 몇 가지 질문을 통해 그 방법을 말했다.

첫째, 당신은 새로운 아이디어를 생각하기 위해 특별한 시간을 보내고 있는가? 참신한 아이디어를 갖기 위한 시간을 가져야 한다. 적어도 1주일에 한 번, 일상의 업무에 구애받지 않고 차분하게 시간을 갖는다면 여러 가지 생각이 떠오를 것이다.

둘째, 당신은 아이디어를 재검토하며 다시 그것을 키워가고 있는가? 특정 문제에 주의를 집중, 모든 면에서 그 문제를 검토했다면 될 수 있는 한 높은 곳으로 그 아이디어를 비약시켜볼 필요가 있다.

셋째, 당신은 아이디어에 대한 호기심을 키워가고 있는가? 활동의 모든 측면에 대해 끊임없이 호기심을 갖는 것이 아이디어를 생각해낼 수 있는 최상의 방법이다. 호기심을 올바르게 발동시키기만 한다면 주의력과 감수성이 키워지고 다시 그것은 아이디어의 창출로 이어진다.

위의 세 가지 질문을 스스로에게 해보면서 새로운 아이디어 창출에 전력을 기울여야 할 것이다.

창조력은 생각의 결실이다

일은 해보면 쉬운 것. 그럼에도 시작은 하지 않고
어렵게만 생각하기에 할 수 있는 일들을 놓치게 된다.

_맹자

 창조력은 생각의 결실이다. 그러나 그것이 가치를 지니려면 그 창조력에서 생긴 아이디어가 이용되고 더 나은 결과를 창출할 수 있어야 한다.

창조력을 발휘하여 아이디어를 개발하고 이용하기 위한 몇 가지 주의점을 여기에 소개한다.

첫째, 당신에게도 창조력이 있음을 믿어야 한다. '무엇인가를 할 수 있다'는 믿음은 창조적 해결로 가는 첫걸음이다. 스스로 그것을 할 수 있다고 믿는다면 실제 그 해결 방법을 발견할 수도 있을 것이다.

둘째, 아이디어가 달아나지 못하도록 해야 한다. 무엇인가 새로운 아이디어가 떠오르면 지체없이 써놓아야 한다. 날마다 여러 가지 아이디어가 생각날 것이다. 그것들은 즉시 메모해두지 않으면 곧 사라져버릴 것이다.

셋째, 아이디어를 음미해야 한다. 모인 아이디어는 파일에 철해둔다. 어디든 상관 없다. 단, 경제적으로 그 아이디어 창고를 검사해야 한다.

넷째, 아이디어를 갈고 비료를 주어야 한다. 아이디어를 성장시켜야 한다. 하나의 아이디어를 관계있는 다른 아이디어와 결합시켜야 한다. 그렇게 모든 각도에서 연구해보아야 한다.

귀를 이용한 창조력 강화법

 당신의 귀는 지식을 받아들이는 귀중한 통로다. 남에게 이야기하는 것을 통해서는 아무것도 배울 것이 없지만, 듣는 것을 통해서는 무한히 많은 것을 배울 수 있다.

다른 사람의 의견을 묻거나 이야기를 들음으로써 무엇인가 배우게 될 때, 그것을 이용하여 창조력을 강화해야 한다. 그러기 위해 다음의 3단계를 실행하자.

첫째, 가능한 한 다른 사람으로 하여금 많은 것을 이야기하도록 한다. "당신의 경험을 들려주십시오", "이 문제에 관해 어떻게 생각하십니까?" 하고 물어서 상대방이 이야기하게 함으로써 그들의 생각을 이끌어내는 것이다.

둘째, 질문의 형식으로 당신의 의견을 테스트해본다. "이 방법으로 한다면 어떻겠습니까?" 하는 질문의 형식을 취하여 자신의 방법에 대해 그들이 평가하는 말을 듣는 것이다.

셋째, 다른 사람이 하는 말에 정신을 집중한다. 듣는다고 해서 무조건 잠자코 입을 다물고만 있다면 아무런 도움이 되지 않는다. 가슴을 열고 상대의 말에 귀를 기울여야 한다.

상상력이 풍부해지려면

 당신은 상상력이 풍부한가? 다음의 몇 가지 질문에 대한 대답을 함으로써 테스트를 해보라. 당신은 현재에 불만을 갖고 있는가?

만일 지금에 만족하고 있다면 당신에게는 개선의 여지가 없다. 끊임없이 삶을 비판적인 시선으로 관찰할 수 있도록 자신을 훈련시켜야 한다. 그러기 위해서는 다음과 같은 점에 유의해야 한다.

첫째, 자기가 하고 있는 모든 것을 의문의 시선으로 바라본다. 누구나 당연하다고 여기는 생각이나 습관에 대해서도 한번 의문을 가져보아야 한다.

둘째, 세상의 모든 것에 대해서, 또한 모든 사람에 대해서 호의적으로 대해야 한다. 누군가 새로운 아이디어를 생각해내면 그 아이디어를 실행했을 때 생길 부작용이나 결함만을 찾으려 하지 말고, 그것이 유용한 것이 되도록 적극적으로 도와야 한다.

셋째, '왜', '그 외에 좋은 것이 없을까' 하고 끊임없이 자문해본다. 간혹 아주 근사해 보이는 아이디어라도 그보다 뛰어난 아이디어가 얼마든지 있을 수도 있다. 다시, 더 좋은 것을 찾는다는 마음가짐을 잃지 말고 끊임없이 전진해야 한다.

대사업은 아이디어가 만든다

_요한 볼프강 폰 괴테

 인간의 두뇌는 모든 문제를 해결하며, 새로운 필요에 응하기 위해 끊임없이 새 아이디어를 창출하도록 되어 있다.

언젠가는 새로운 병 뚜껑이 만들어져 지금까지의 것은 고물이 되고 말 것이다. 또 음식물에 전자 처리를 하여 냉장고가 불필요해질지도 모른다.

오늘의 새로운 아이디어가 내일의 대사업을 낳으며, 당신 안에는 독창적인 아이디어를 창조하는 어떤 힘이 해방될 날을 기다리면서 잠재하고 있음을 기억하라.

'미네소타마이닝앤매뉴팩처링'은 연마제를 튀지 않게 하는 샌드 페이퍼라는 새 아이디어를 제품화했다. 그 후 그 회사는 내수성 샌드 페이퍼를 만들었는데 그것 역시 큰 인기를 끌었으며 그 아이디어를 발전시켜 투명테이프를 발명했다. 이것이 오늘날 우리가 사용하고 있는 스카치 테이프다.

이러한 아이디어로 회사가 크게 발전한 것은 두말할 필요도 없다. 그런데 간과해서는 안 될 점이 있다. 이러한 아이디어가 하늘에서 뚝 떨어진 것도, 땅에서 솟아난 것도 아니라는 점이다. 이것들은 모두 우리 인간의 두뇌에서 창조되었다.

아이디어 능력이 당신의 시장가치다

가난한 친척들의 부채를 치를 필요가 없었던들
나는 예술을 택하지 않았을 것이다.

_미켈란젤로

 아이디어를 창출해내는 능력이란 무엇일까?

이것은 문세 해결의 새 방법을 생각해내는 힘을 의미한다. 뷰익 화학 회사는 이러한 능력을 중히 여기는 회사 중의 하나였고, 버트 고먼은 사내에서 최고의 아이디어 능력을 가진 청년이다. 그의 업무는 새로운 아이디어를 창출해내는 일이었다.

버트 고먼은 대학 졸업 후, 아이디어가 얼마나 중요한가를 알았다. 그의 스승은 연초 업계에 혁명적인 광고 방법을 가져온 아메리칸토바코의 사장 조지 워싱턴 힐이었는데, 아마도 그의 영향을 받았으리라 생각된다.

그가 사회에 첫발을 딛었을 때, 힐은 이렇게 말했다.

"무가치한 아이디어조차도 나오지 않는 인간은 아무런 아이디어도 갖고 있지 않은 인간과 같다."

버트는 이 말을 가슴속 깊이 새겨두었다. 참신한 광고가 회사의 사활을 결정하는 연초 업계에서 그는 27세라는 젊은 나이로 광고 부장의 지위에 올랐다.

버트 고먼은 이렇게 말했다.

"훌륭한 아이디어가 하나라도 나온다면 그 사람에게 1년분의 임금을 줘도 아깝지 않다. 아이디어야말로 성공의 열쇠다."

부정적인 태도는 아이디어를 죽인다

 창조적 능력은 누구나 갖고 있다. 머리를 조금만 더 쓰면 당신의 회사에, 사업에, 또는 당신의 생애에 필요한 독창적인 아이디어를 낳을 수 있다.

여기서 필요한 것은 관찰력과 기민성뿐이다.

많은 사람이 자기는 독창적인 아이디어 따위는 "생각해낼 수 없다"고 말한다. 이런 사람들에게도 색다른 아이디어는 있다. 다만, 아이디어가 떠오른 순간 그 자리에서 장애물을 던져 아이디어가 자라는 것을 막을 뿐이다.

그 장애물이란 '잘될 것 같지 않다'고 느끼는 마음의 소리다. 그 마음의 소리에 자꾸 귀를 기울이다 보면 자연히 '왜 그 아이디어는 잘되지 않는가' 하고 그 이유만 찾게 된다.

겁먹은 마음의 소리에 치우쳐 있다가는 언제까지고 당신은 정체될 뿐이다.

독창적인 아이디어를 낳으려면 반드시 정신적인 거인이 되어야 한다거나 직업적인 아이디어맨이라야만 한다는 법은 없다.

중요한 것은 항상 적극적인 태도를 유지하는 것이다. 부정적이고 소극적인 태도로 당신의 생을 바꿀 만한 아이디어를 소멸시켜서는 안 된다.

아이디어+알파

_톨스토이

 아이디어+알파.
이것은 수많은 성공자를 탄생시킨 비결이다.

최고경영자 가운데는 새로운 아이디어를 낼 때마다 묵살해버리는 사람이 있다.

그들은 어떤 아이디어가 정말로 뛰어난지를 가릴 줄 아는 눈이 있다.
또한 그 아이디어의 고안자가 정말로 재능이 있는 사람이라면 처음부터 그 아이디어를 묵살할 수 없을 정도로 훌륭한 계획까지 세워두어야 한다고 생각한다.

당신이 어떤 아이디어를 간부에게 제출했을 때 그가 아이디어를 채택하지 않는다고 낙담할 필요는 없다.

그 아이디어가 정말 훌륭하다고 생각한다면 새로이 몸단장을 하여 다시 제출하면 된다.

'아이디어+알파' 같은 강한 끈기가 있는 사람만이 최후의 승리를 쟁취한다.

큰 아이디어를 생각하자

최대의 과실은 전혀 그 과실을 깨닫지 못하고 있다는 그것이다.

_토머스 칼라일

큰 아이디어를 낳는 것이나 작은 아이디어를 낳는 것이나 똑같은 비중을 차지한다는 사실을 아는가? 큰 아이디어나 작은 아이디어나 그것이 탄생되는 데는 같은 정도의 시간과 정신적 에너지가 소요된다.

그러므로 가능하면 더 큰 것을 생각할 일이다. 큰 문제는 큰 이익을 낳는다. 큰 규모로 생각하면 큰 아이디어가 떠오른다. 큰 아이디어는 빠른 성공을 부르게 마련이다.

한 30대의 청년이 지그 지글러에게 이런 말을 해주었다.

"2년 전까지 나는 직물 도매상의 세일즈맨을 하고 있었습니다. 그러나 늘 새롭고 큰 아이디어를 찾아 헤맸습니다. 그러다가 어떤 큰 석유 회사가 플로리다의 여러 곳에서 석유 채굴을 하는 것을 발견하고는 플로리다 주 당국의 시유지를 싼 값에 구입했지요. 그러고는 그 석유 회사에 편지를 띄웠는데, 그 땅을 이용하겠다는 연락이 왔지요. 그때부터 더욱 많은 땅을 사서 빌려주었습니다. 지금은 자산이 500만 달러나 됩니다."

큰 아이디어를 가진 덕분에 그는 오늘의 큰일을 이룰 수가 있었다.

아이디어를 성공시킨다

_피쳐

 사람에게는 태어날 때부터 아이디어 창출 능력이 구비되어 있다. 그러므로 그 방법을 알기만 하면 우리 모두는 성공할 수 있다.

여기 그 방법을 몇 가지 제시해본다.

첫째, 아이디어 능력을 현재의 일에 적용한다. 일의 내용을 잘 살펴보면 지금 해결하지 않으면 안 될 문제가 많이 있다. 중요한 것은 아이디어 능력을 녹슬지 않게 하는 것이다.

둘째, 아이디어를 자유롭게 기른다. 사고 과정에서 부정적인 생각을 주입시켜서는 안 된다. 어떤 일을 할 때 '그런 일은 할 수 없다'는 생각을 하지 말고 '그럼 해보자'라는 꿋꿋한 신념이 있어야 한다. 변명과 이유 따위를 생각하지 말고 적극적으로 생각하면 스스로 놀랄 정도의 훌륭한 아이디어를 낳을 수 있는 것이다.

셋째, 아이디어를 실용화한다. 어떤 아이디어든 최후까지 추구해가야 한다. 자신도 비싸게 사지 않을 아이디어를 다른 사람에게 팔 수는 없다.

안이한 길을 추구해서는 안 된다. 그런 길은 존재하지 않는다. 아이디어라는 것은 끊임없이 생각하고 발전시키지 않으면 자라지 않는다.

창의력의 두 가지 기능

_에센바흐

 창의력은 두 개의 형태를 취하며 움직인다. 하나는 대체적 창의력이고, 다른 하나는 창의적 상상력이다.

대체적 창의력이란 인간의 상상력의 작용으로 묶은 개념, 아이디어, 계획 등을 결합시켜서 종래의 것에 대신하는 새로운 것을 만들어내는 재능이다. 그러나 전혀 새로운 것을 만들어낸다는 의미는 아니다. 지금까지 자신에게 주어졌던 체험, 교육, 관찰 등을 바탕으로 물질을 변화시킬 뿐이다.

창의적 상상력은 인간이 가진 창의적 능력을 통해 한계가 있는 인간의 마음이 무한한 지성과 조화되는 것이다. 창의적 상상력은 직감이나 무한한 영감에 의해서 나타난다. 기본적이거나 새로운 아이디어는 이 능력을 통해 탄생한다. 창의적 상상력은 맹렬하게 어떤 일에 몰두할 때에야 비로소 움직이는 것이다.

창의적 상상력은 많이 사용할수록 더욱더 활발히 작용한다. 사업가, 과학자, 금융가, 예술가 등 성공자들은 누구나 창의력이라는 재능을 개발했기 때문에 대성하였다. 당신이 가지고 있는 창의적 상상력을 가능한 한 많이 사용하도록 하자.

창의력을 자극하라

_파스칼

 창의력은 문자 그대로 인간이 만들어내는 모든 계획을 형성해가는 작업장이다.

인간이 가진 충동, 욕망은 마음속의 창조적 재능을 바탕으로 틀이 잡히고 체계가 서며 행동으로 나타난다.

인간은 창조력을 이용, 지금까지 인류 역사가 개척해온 것 이상의 것을 발견한다.

창의력은 사용하지 않으면 약화된다. 그러나 그것은 다시 재생될 수는 있다.

이러한 능력은 우리의 사용 부족으로 정지 상태에 있지만 완전히 사라진 것은 아니다.

부자가 되고자 하는 욕망을 돈으로 변화시킬 수 있는 능력이 바로 창의력이다.

이러한 능력은 창의력, 특히 종합적 창의력을 바탕으로 이루어진다.

그러기 위해서는 그 계획 수립에 알맞는 정보를 수집해야 한다. 그렇게 했을 때 창의력이 다시 움직이기 시작한다.

창조야말로 발전의 원동력이다

사람이 깨닫는 것은 책에서보다
그 자신의 뼈아픈 고민을 통해서다.

_미상

1957년 도요타 자동차가 미국에서 판매를 시작할 때의 일이다. 당시 미국 상륙에는 성공했지만 실적이 엉망이었다. 그래서 생각해낸 것이 동물원의 구관조九官鳥를 이용하는 것이었다. 한밤중에 사람들이 없는 시간을 틈타 도요타의 직원이 구관조로 하여금 '도요타'를 외치게 했다. 매일 밤마다 이런 노력을 되풀이한 지 몇 달 뒤, 드디어 구관조가 도요타라는 말을 하게 되었다. 사람들은 놀랐으며, 매스컴은 떠들썩했다. 마침내 사람들의 주된 화두가 도요타가 되었다. 기발한 작전이 결국 성공한 것이다.

똑같은 일을 다른 사람과 똑같이 한다면 발전도, 성공도 기대할 수 없다. 창의력이 있어야 성공할 수 있다. 그렇다면 어떻게 해야 그러한 창의력을 가질 수 있을까?

아이디어를 생각해내기 위해서는 심혈을 기울여 그것에 몰두하는 정열이 있어야 한다.

혼다 오토바이가 세계를 휩쓴 것은 자기 결혼식 날짜까지도 잊어버렸던 창업자의 정열이 뒷받침되었기 때문이다.

삶을 풍부하게 살기 위해서는 시야를 넓혀야 한다.
실패에 연연하거나 하찮은 생활에 만족하는 옹졸한 마음을 버리고
더 나은 내일을 위해 오늘을 창조적으로 살아야 한다.
우리는 성공을 생각해야 하고 성공을 느껴야 하고
성공하기 위해 일해야 한다. 사고와 행동의 범위를 확대하라.

Part 10.
대인관계에 대하여

ONE MINUTE
SPECIAL LECTURE
for People who is Preparing for Wonderful Future

대인관계란 메아리와 같다

'자기'라고 생각하고 있는 것은 자기가 아니다.
반성하고 사고하고 노력하는 자신이 바로 참된 자기인 것이다.

_노먼 빈센트 필

어머니에게 꾸중을 듣고 화가 난 어린 소년이 "엄마 미워!" 하고 소리를 질렀다. 하지만 곧 어머니가 또 야단을 칠까 봐 겁이 나서 산으로 도망을 갔다. 산에 가서도 화가 풀리지 않자 소년은 다시 소리를 질렀다.

"난 엄마가 미워!"

그때 놀랍게도 "난 네가 미워!" 하는 소리가 들리는 게 아닌가!

놀란 소년은 당장 집으로 달려와서 어머니에게 그 산에는 자기를 미워하는 나쁜 소년이 있다고 말하였다. 그러자 어머니는 아이를 데리고 산으로 갔다. 그러고는 이렇게 소리치라고 아들에게 말하였다.

"나는 너를 사랑한다! 나는 너를 사랑한다!"

그러자 산에서 "나는 너를 사랑한다!"는 메아리가 들려왔다.

인생은 메아리와 같다. 대인관계 역시 메아리와 같다. 우리는 심은 대로 거두게 된다. 당신 안에는 다른 사람에게서 볼 수 있는 장점과 단점이 들어 있다.

당신이 무엇을 하든, 어떤 일에 종사하든 대인관계는 당신이 한 만큼 대우를 받게 되는 것이다.

다른 사람의 도움이 필요하다

_제인 해리슨

성공에는 빼놓을 수 없는 한 가지 요소가 있다. 그것은 당신이 어떤 사람을 알고 있으며, 또 어떤 사람들이 당신을 알아주는가 하는 것이다. 이것은 결국 대인관계의 문제다.

대인관계에서 먼저 알아두어야 할 사항은, 자신의 재능이 어떠하든지 다른 사람의 도움을 받지 않으면 성공하지 못한다는 사실이다.

이것은 지금까지 살아온 당신의 과정이나 성공한 사람들의 삶의 방법을 보면 분명하게 알 수 있다.

따라서 당신의 아이디어나 능력을 인정해줄 사람을 구하는 일이 무엇보다 중요하다.

성공자가 되고 싶은가? 대인관계를 중요시하지 않으면 성공자가 될 수 없다.

흔히 "운이 트였다"고 하는 말도 대개의 경우 좋은 후원자가 생겼다는 의미다.

'교제'는 자기라는 인간과 자기의 능력을 필요로 하는 일과의 교량 역할을 한다. 다시 말하면 교제란 성공의 기회를 제공하는 것이라고 할 수 있다.

대인관계를 통해 당신의 인생이 바뀔 수 있다.

타인에 대한 사고방식

하버드대학교의 로버트 로젠탈 박사가 한 가지 재미있는 실험을 하였다. 실험 대상인 학생들을 세 그룹으로 나누어 각 그룹에 쥐를 몇 마리 주었다. 첫 번째 그룹에 이렇게 말했다.

"여러분은 행운아입니다. 지금 여러분에게 준 쥐는 천재적 지능을 가진 쥐입니다."

두 번째 그룹에는 "여러분은 보통 쥐를 다루게 되었습니다. 따라서 보통 정도의 기대를 걸 수 있을 겁니다"라고 말했다.

세 번째 그룹에는 이렇게 말했다.

"여러분은 바보 쥐를 다루게 되었습니다. 그러므로 거의 기대를 할 수 없을 겁니다."

6주 동안 학생들은 똑같은 환경에서 쥐를 상대로 실험을 했다. 첫 번째 쥐들은 천재같이 행동했다. 두 번째 쥐들은 보통 정도의 행동을 했다. 그리고 세 번째 쥐들은 바보 같은 행동을 했다.

여기서 우리가 기억해야 할 것은 천재 쥐, 보통 쥐, 바보 쥐는 없다는 사실이다. 쥐는 다 똑같았다. 문제는 실험에 참여한 학생들의 자세였던 것이다.

당신이 상대하는 사람들이 어떤 사람이든, 당신에 대한 그들의 태도는 바로 당신의 자세에 달려 있다.

필요를 알고 그것을 충족시켜라

_헤시오도스

 어떤 여행자에게 천국과 지옥을 구경할 기회가 주어졌다. 먼저 마귀의 인도로 지옥을 구경하게 되었다.

그가 도착했을 때 지옥에 있는 사람들은 때마침 식사 시간이라 모두 식탁에 모여 있었다. 식탁에는 온갖 진수성찬이 놓여 있었다. 그런데 식탁에 둘러앉아 있는 사람들의 얼굴은 하나같이 모두 창백했고 몸은 뼈만 남아 있었다. 그들의 왼손에는 포크가, 오른손에는 나이프가 쥐어져 있었으나 그 길이가 120센티미터나 되었다. 그들은 그 긴 나이프와 포크를 이용해 음식을 자신들의 입에 넣으려고 헛손질만 하고 있었다.

그다음에 여행자는 천사의 친절한 안내를 받아 천국으로 구경을 갔다. 천국도 마침 식사 시간이어서 식탁에 모두가 둘러앉아 있었다. 그런데 그들 얼굴에는 기름기가 가득했고, 몸에는 살이 통통하게 올라 있었다. 그들도 지옥과 마찬가지로 긴 나이프와 포크를 쥐고 있었다. 그러나 그들은 서로 음식을 먹여주면서 즐겁게 식사를 하고 있었다. 그들은 남에게 도움을 줌으로써 자기가 원하는 도움을 받고 있었다.

지옥의 사람들은 자기 배만 채울 생각을 하고 있었지만, 천국의 사람들은 이웃의 배를 채울 생각을 하고 있었다.

말 속에 숨어 있는 좋은 뜻을 읽어라

참된 웅변이란 필요한 말은 빼놓지 않고 다하는 것이고,
필요 없는 말은 한마디도 하지 않는 것이다.

_프랑수아 드 라로슈푸코

상대의 말 속에 숨은 뜻을 알아내는 것은 인간관계에서 매우 중요하다. 그런데 긍정적으로 생각하는 사람과 부정적으로 생각하는 사람의 차이는 그 말 속에 숨은 좋은 뜻을 알아내는가 알아내지 못하는가로 나타난다.

두 마리의 새가 상공을 날고 있다. 한 마리는 독수리이고, 또 한 마리는 벌새이다. 하나는 썩은 동물의 시체를 보았고, 하나는 향기로운 꽃을 보았다. 각기 그들이 찾고 있는 것을 볼 뿐이다.

긍정적인 사고방식의 사람이라면 상대방의 말 속에서 긍정적인 면을 볼 것이다. 반대로 부정적인 생각을 하고 있는 사람은 부정적인 면을 볼 것이다.

사람의 말이나 글 속에는 긍정적인 면과 부정적인 면이 존재한다. 또 모든 계획에는 성공과 실패가 존재한다. 혹 양면을 모두 보았더라도 어느 한쪽을 결정하게 된다. 상대방의 말 또는 어떤 문제에서 그 어느 쪽을 택하느냐에 따라 당신의 인생도 바뀔 것이다. 그 선택은 오로지 당신의 생각에 달려 있다.

갈등을 창조적으로 해결하라

다른 사람과의 언쟁에서 화를 내기 시작하면
그때는 벌써 진실을 위한 언쟁이 아니라
자신을 위한 언쟁일 뿐이다.

_토머스 칼라일

인간관계에서 문제와 갈등이 없을 수는 없다. 여기서 중요한 것은 그런 갈등을 어떻게 해결하느냐다. 앞으로 그 인간관계를 발전시키고자 한다면 이 갈등을 창조적으로 해결해야 한다. 갈등을 만났을 때, 부정적으로 생각하는 사람과 긍정적으로 생각하는 사람은 대처 방법에서 확실한 차이를 보인다. 부정적인 사람은 방어를 하기에 급급하고 긍정적인 사람은 조정자가 된다.

갈등의 해결은 마음의 결심에서부터 시작된다. 즉, 당신이 그 갈등을 처리할 것이며, 그 갈등이 당신을 처리하도록 내버려두지 않겠다고 결심하는 것이다. 갈등으로 인해서 당신이 지금까지 쌓아온 인간관계를 분리시키도록 내버려두지 않겠다는 결심이며, 또한 더 많이 인내할 것을 결심하면 그때 비로소 갈등의 해결책이 보인다.

모든 인간관계에서 의견의 일치가 안 될 때가 있음을 인정하면 갈등은 사그라진다. 부부관계에서는 그 갈등을 잠들기 전에 해소하도록 노력해야 한다. 그렇지 않으면 단잠을 이룰 수 없다.

모든 인간관계에서 갈등은 필연적이지만, 그에 대한 반응에 따라 행복과 불행이 좌우된다.

인간관계를 피해 살 수는 없다

_랠프 왈도 에머슨

뱀이 무서우면 뱀으로부터 도망치면 된다. 수영이 싫으면 수영장에 가지 않으면 된다. 그러나 사람 만나는 것이 싫다고 사람을 피할 수는 없는 노릇이다. 우리는 사회적 동물이기 때문이다. 따라서 우리는 친한 사람과 별로 친하지 않은 사람, 그리고 전혀 모르는 사람을 끊임없이 마주하면서 살아가야만 한다.

특히 생면부지의 사람들을 대할 때 스스로에 대해 자신 있는 사람과 그렇지 못한 사람일 경우 상황은 완전히 달라진다. 스스로에게 자신 있는 사람은 낯선 사람을 만나도 즐겁고 유쾌하게 대하지만, 자신 없는 사람은 마음 한구석에 왠지 두려움이 앞선다.

자신을 비하하는 사람은 타인이 자기를 경멸하지 않을까 두려워할 뿐만 아니라 그 두려움을 극복하기 위해 자기 쪽에서 먼저 타인을 경멸하기도 한다.

그리고 이런 사람들은 타인과의 관계에서도 그 시간을 즐겁게 보내려고 하기보다는 그 사람에게 자기가 부정적으로 평가받고 있지는 않을까 염려스러워 그 평가에 대한 대비 자세를 취한다.

먼저 자기가 스스로를 공정하게 평가해야 한다. 그러면 자신에 대한 타인의 평가를 두려워하지 않게 되고, 그들과 함께 있는 시간이 즐거워질 것이다.

적극적으로 자신을 표현하라

_미상

인생에서 성공자가 되기 위해서는 적극적으로 자기를 표현할 수 있어야 한다. 여러 사람 중에서 가장 먼저 눈에 띄는 사람이 승자가 될 확률이 높다.

각자 독특한 분위기를 풍길 수 있도록 노력해야 한다. 그 분위기는 사람의 마음을 끌며, 거기에서 느껴지는 따스한 빛은 그들의 내면으로부터 우러나오는 것이며, 승자는 그 빛을 사람들에게 던져준다.

무리하지 않고 자연스러운 행동에서 친밀감이 나온다.

미소는 세계 어디에서나 통하는 언어다. 미소는 경계심을 풀게 하고, 많은 말보다 더 많은 것을 말한다.

미소는 마음의 창을 비추는 등불이다. 그 빛은 타인에게 기쁨을 주며, 희망과 안정감을 준다.

첫인상은 사람들의 마음속에 오래 남아 있다. 따라서 처음 만나서 나눈 4분의 대화가 그 후 교우交友관계를 결정하는 중요한 요소가 된다.

대인관계에서 적극적인 자기표현은 확신감과 자신감을 준다. 적극적인 자기표현을 하고자 한다면 항상 최고의 것에 눈을 두고 최선을 다해야 한다. 오늘 최선을 목표로 노력하며 살아라. 그러면 그것이 적극적인 자기표현으로 이어진다.

생각이 바뀌는
1분 특강

초판 1쇄 인쇄 2013년 6월 10일
초판 1쇄 발행 2013년 6월 20일

지은이 | 김주영
펴낸이 | 김의수
펴낸곳 | 레몬북스(제 396-2011-000158호)
주　소 | 경기도 파주시 문발동 535-7 세종출판벤처타운 404호
전　화 | 070-8886-8767
팩　스 | (031) 955-1580
이메일 | kus7777@hanmail.net
ⓒ 레몬북스

ISBN 978-89-967624-9-2(13320)

※ 잘못 만들어진 책은 구입처에서 교환 가능합니다.